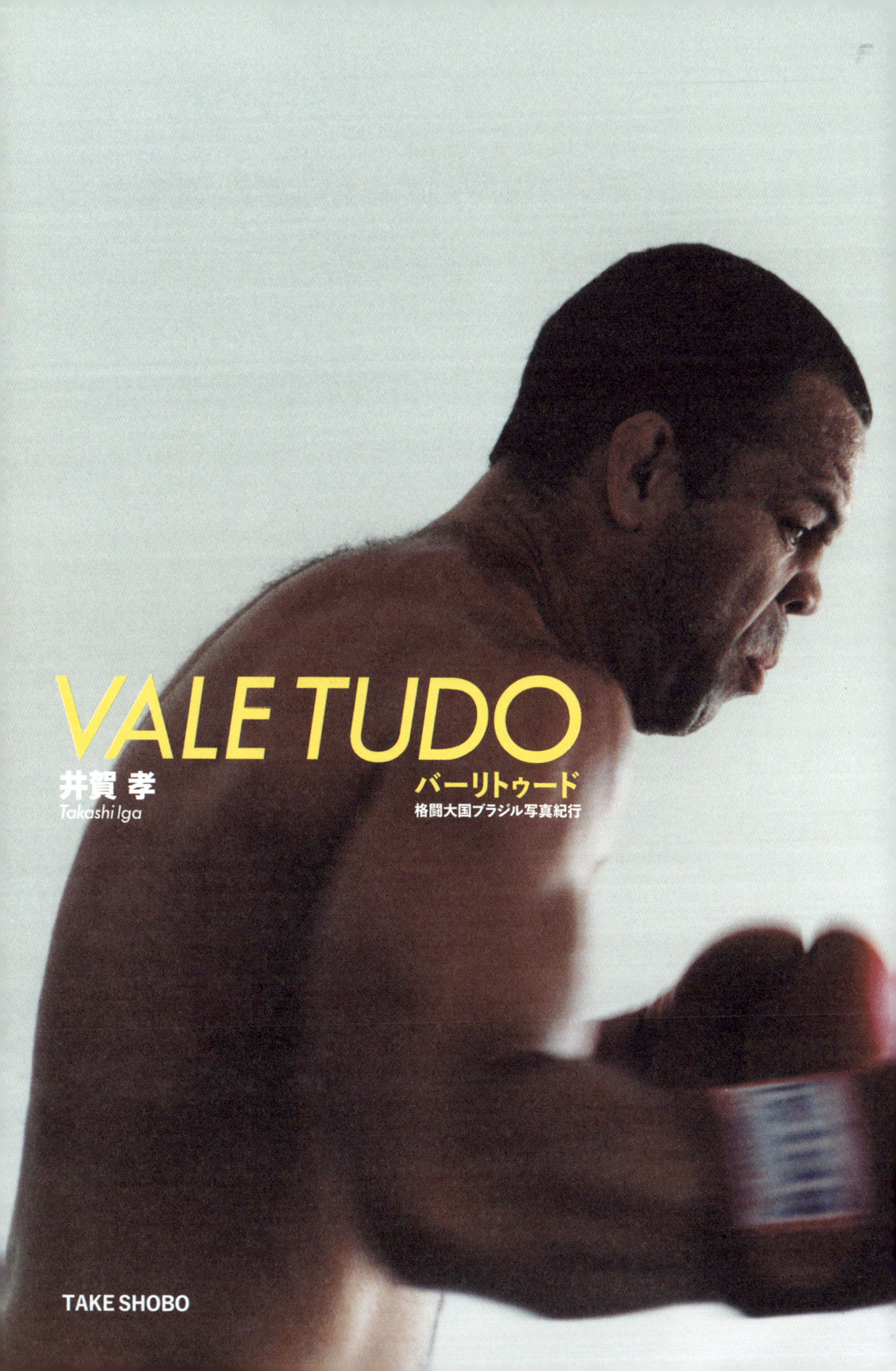
VALE TUDO
井賀 孝
Takashi Iga
バーリトゥード
格闘大国ブラジル写真紀行
TAKE SHOBO

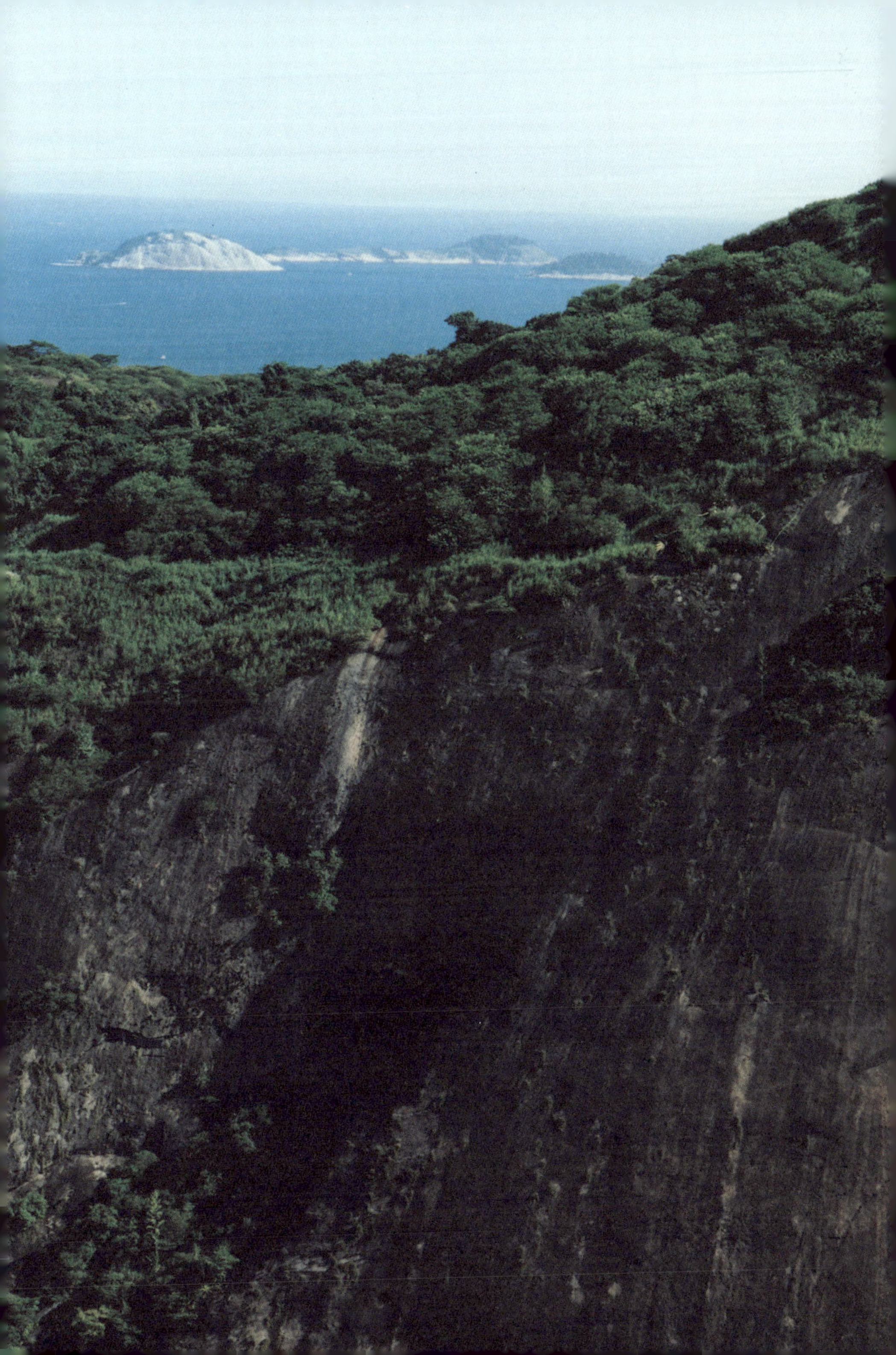

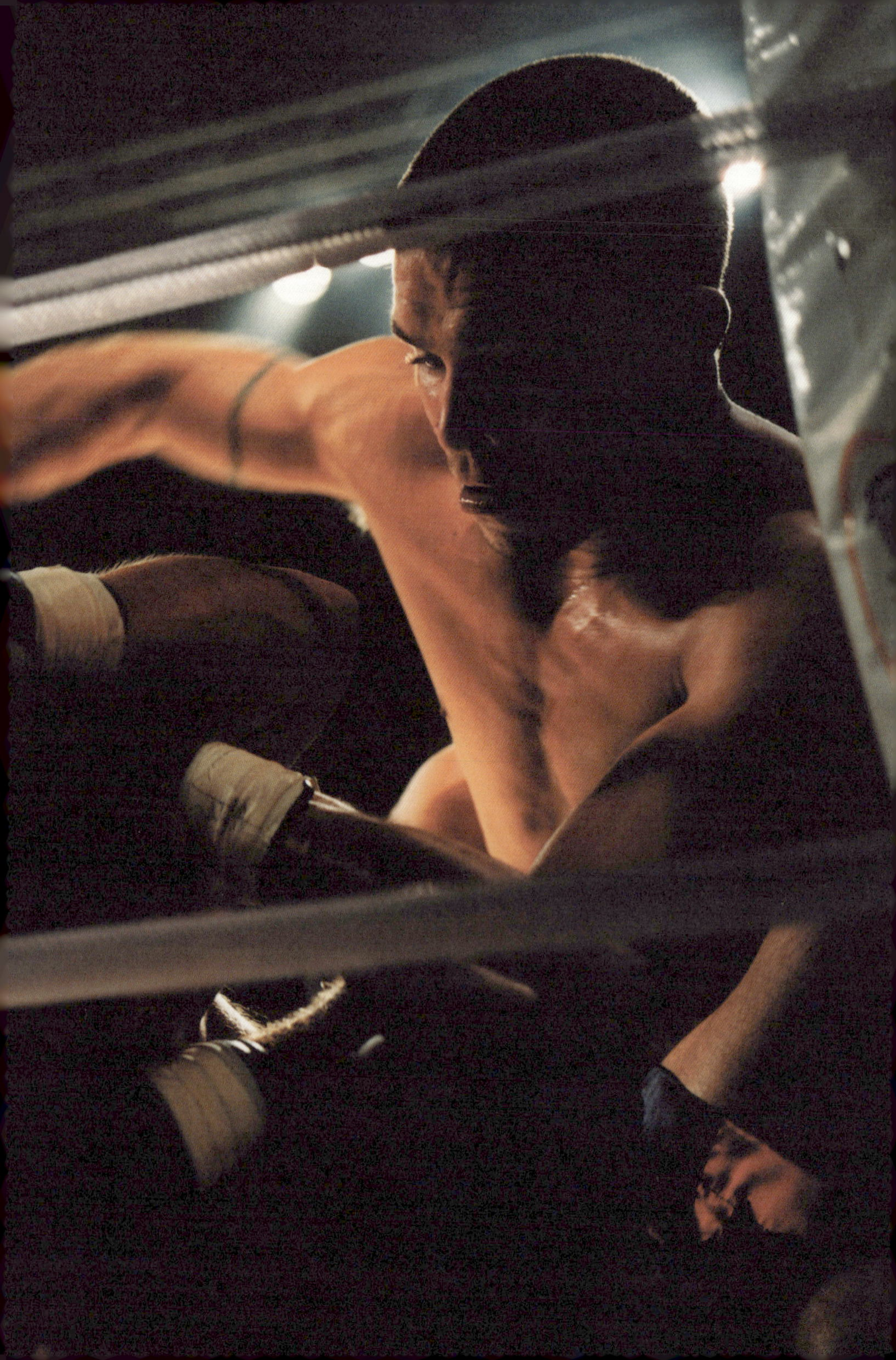

Capoeira

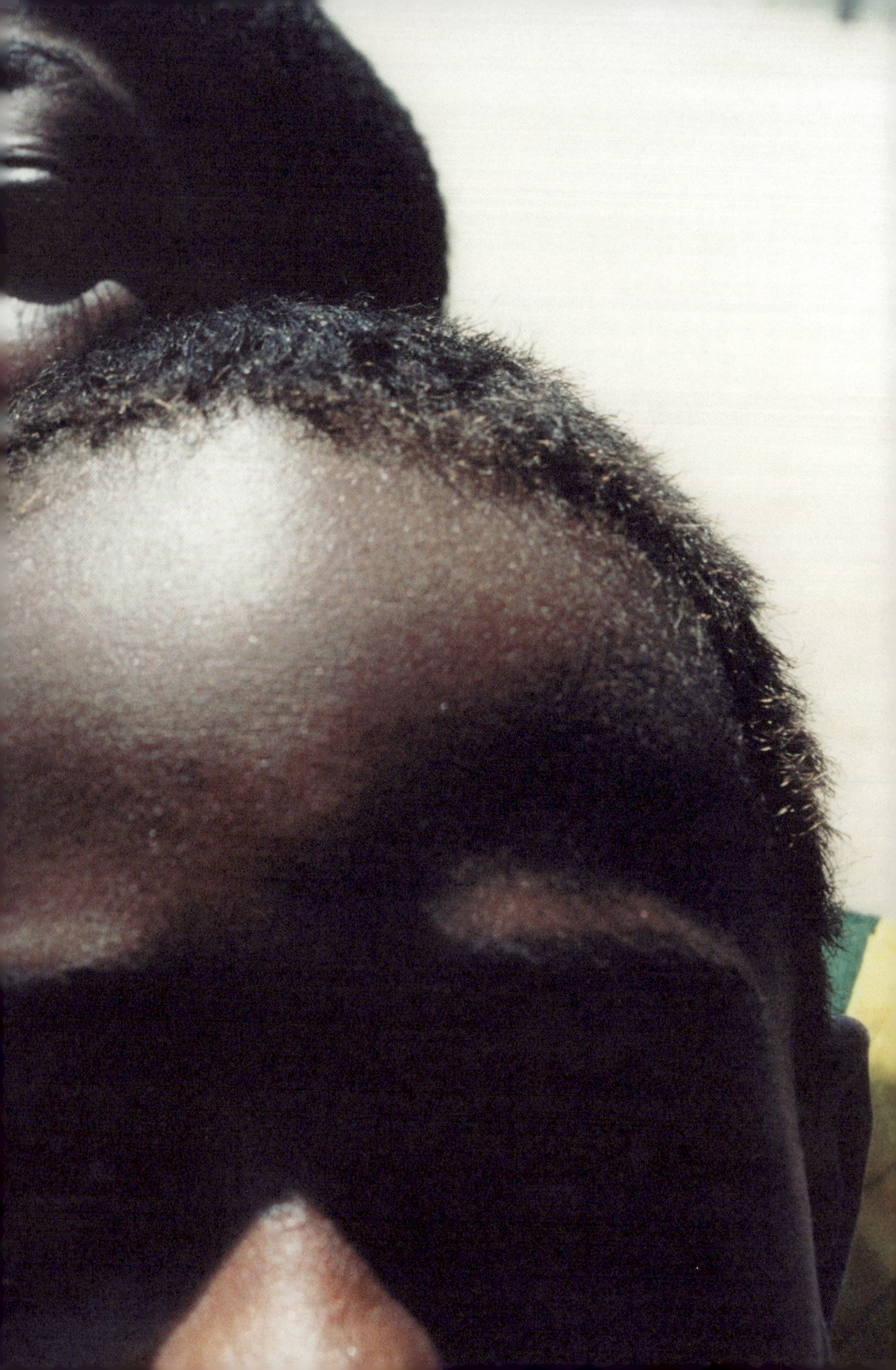

1997

Coral Maranguape

Vale Tudo

CYBORG

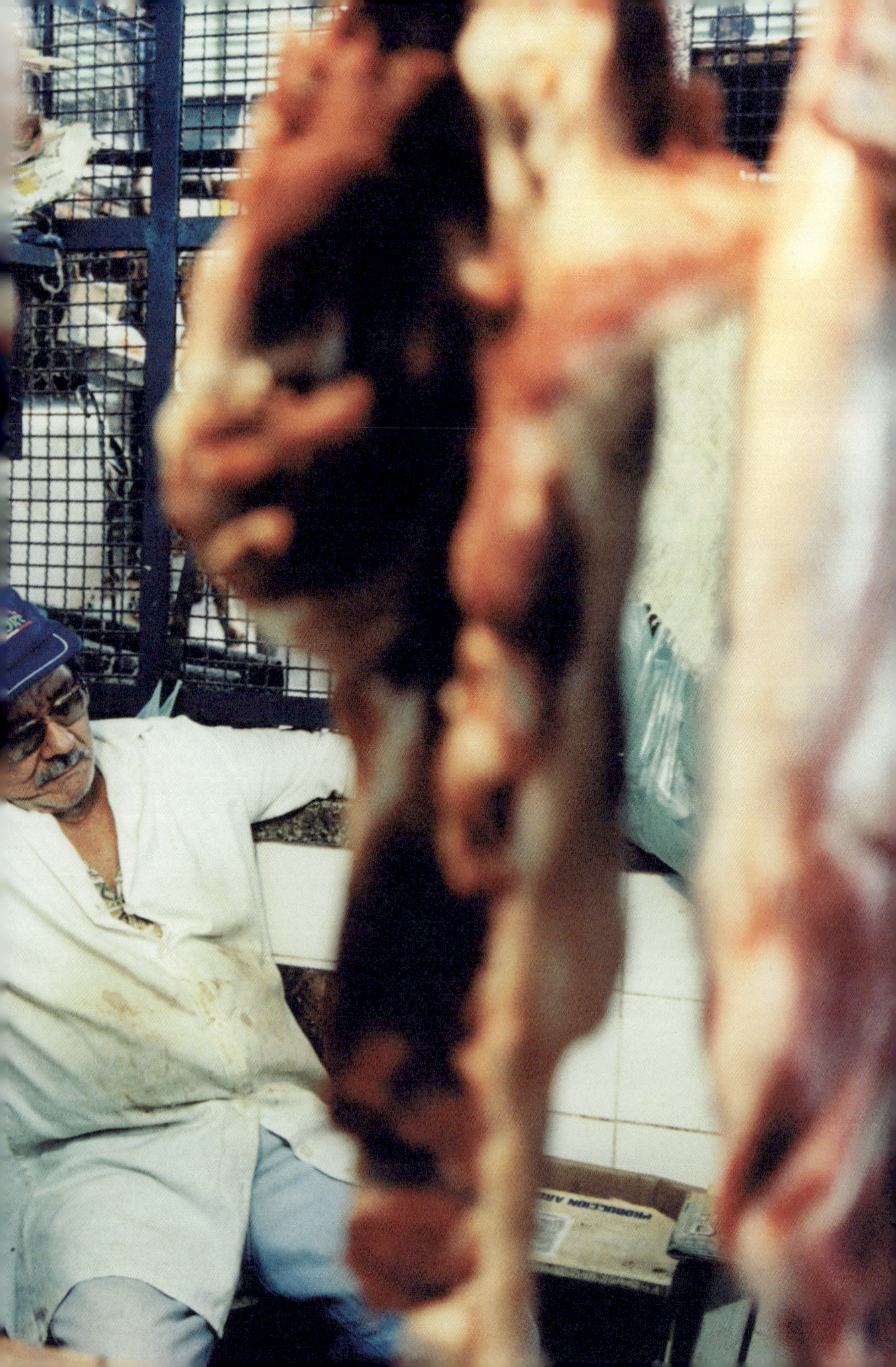

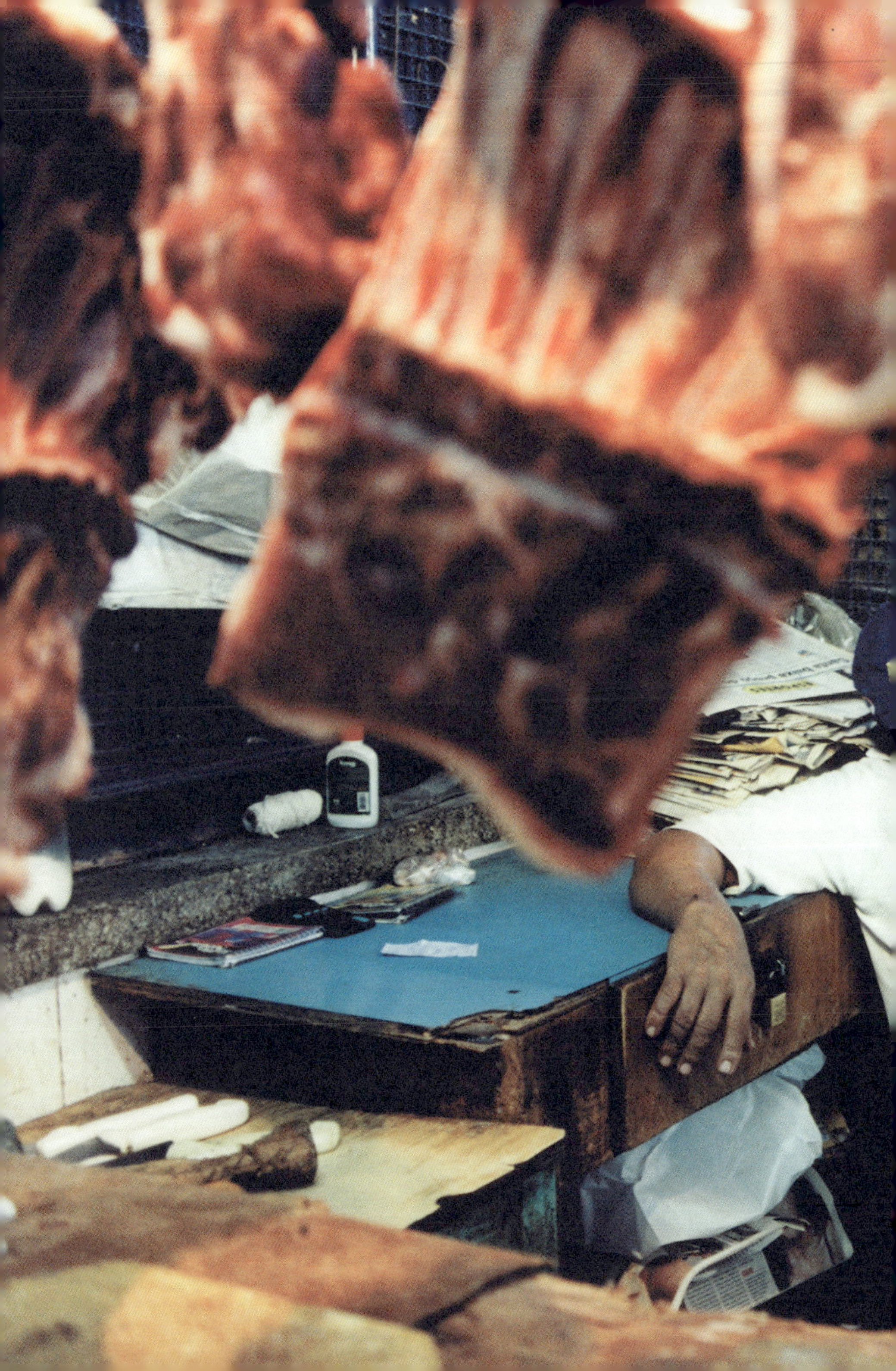

CICERO

IME ESPO

ESPORTE

CICERO

CICERO

21

Contents

I

シュートボクセとUFC

クリチバ
Curitiba

シュートボクセの衝撃

「あんな怖いところによく行くなぁ。オレは行きたくないね」

シュートボクセに行ってみるつもりだと私が告げると、修斗第4代ライト級世界チャンピオン、ペケーニョことアレッシャンドリ・フランカ・ノゲイラ率いるワールドファイトセンターの面々から、そう言われた。荒くれ者で通っているルタリブレのヤンチャどもがそう言うのだから、記憶に残るというものだ。

シュートボクセ・アカデミーを初めて訪れたのは、2001年の秋。15年前のことだ。1週間滞在して練習にも参加した。同年3月のPRIDE13でグレイシーハンター桜庭和志を敗り、一躍脚光を浴びたヴァンダレイ・シウバの取材で訪れたのだが（PRIDE17で再度桜庭を破った後だった）、そこには、カリスマ性をもった指揮官フジマール・フェデリコの下、煌めくばかりのタレントたちがひしめいていた。

参謀ハファエル・コルデイロ、コーチのクンニャ、言わずもがなのヴァンダレイ、漆黒のペレ、若きムリーロ・ニンジャ、そしてまだ無名に近かった皇帝アンデウソン・シウバ……。

午前中にはじまるプロ練に参加したが、練習はキツかった。一応グローブをはめているものの、ほぼ本気で殴り合い、倒れた相手にも躊躇なく蹴りにいく。後に日本のリングでよく見ることになる、シュートボクセ勢特有の一連のあの攻撃は、普段のたゆまぬ練習の賜物だったわけだ。当時の日本の総合格闘技系ジムではあまり見られない光景だけに、いたく驚いたのをよく覚えている。上半身裸で汗まみれになりながら、滑るマットの上で行われていたシュートボクセのプロ練はまさに衝撃だった。

＊

アカデミーの様態

前日に突然「訪問したい」と電話したにもかかわらず、フジマール会長とハファエル・コルデイロが空港まで迎えにきてくれた。市内へは車で30～40分。リオ・デ・ジャネイロとちがい道は空いている。ドライブは快適だ。

シュートボクセ・アカデミーには六つか七つのジムがあって、それぞれヴァンダレイ・シウバやペレ、アンデウソン・シウバ、ハファエル・コルデイロなどが教えている。各々が独立しつつも結びついているユニオンのようなシステムだ。フジマール会長でさえジムの数や生徒数は正確には把握していないと言っていた。登録数はだいたい2000人ほどといったところだろうか。

そのなかで中心的な役割を果たしているのはハファエル・コルデイロのアカデミーだ。たいていフジマール会長はそこにいるし、シュートボクセのトップファイターたちもそこで朝の10時から12時まで合同練習をしている。朝の合同練習に出られるのは本当のトップファイターだけだ。私がいたときは10人くらいで練習していた。すでに日本のリングに上がっている連中、これから上がりそうな連中、加えて出稽古にきている連中だ。

その他の生徒たちは夕方や夜にそれぞれのアカデミーに集まり、基本的にはムエタイの練習をしている。希望者は別に柔術の練習もする。でも基本的にはシュートボクセはやはりムエタイのジムで、ムエタイが好きで練習している人が多い。ジムの基本方針としても最初にムエタイをきっちりとやらせて、そのなかでファイターとして優秀であったり、上昇志向が明確な奴がバーリトゥードに出ていくという形になっている。ヴァンダレイ・シウバもアンデウソン・シウバもペレやニンジャも、デビュー戦はみんなムエタイの試合だった。

アカデミー内のそれぞれのジムでの対抗戦というか、生徒同士によるムエタイの試合も定期的に開催している。生徒はそこで腕を磨き、経験を積んでもっと大きな大会や「メッカ・ワールド・バーリトゥード」などへ出ていく。

打撃系バーリトゥーダー

練習はまず全員で腹筋、背筋運動などのウォーミングアップ（ブラジルのアカデミーではシュートボクセに限らず、とにかく腹筋運動をよくやる）。それからアカデミー内の周囲にキック・ミットを1メートル間隔くらいに置いて、それを飛び越えたり、ステップでかわしたりしながら走る。こういうことができるのもアカデミー自体がそうとう広いからだ（日本とちがってブラジルのアカデミーはどこもかなり広い）。

その後、各自1キロか2キロ程度の軽めのダンベルを手にもって、シャドー・ボクシングをしながら軽快に走る。ときにステップでかわしたり、膝蹴りを入れたりしながら。それを10～15分くらいやる。

次はふたり一組になってのミット練習だ。ひとりがミット、もうひとりがそれをめがけて蹴りやパンチを出しながら道場の端から端までを往復していく。かなり実戦的なものだ。受ける方も、スウェー・バックやダッキングでかわしたり蹴りをカットしつつ、蹴りやパンチを返す。常に動きながら。そういうコンビネーションはみんなで考えながらやっているが、たいていはアンデウソン・シウバが指示を出している。見ていると打撃の実質的なコーチは彼だ。

シュートボクセが単なるムエタイのジムとちがうのは、この対面練習にタックルやタックル切りが入ってくるところだ。レスリング選手のようにきれいな動きではないけれど、ことバーリトゥードに関してはこれで十分だろう。なにしろここに打撃がプラスされるのだから。

彼らの練習は常にバーリトゥードを意識しているし、打撃と立ちレスリングがリンクしている。日本だと、とかく打撃は打撃、立ち技は立ち技、寝技は寝技というふうに分けて練習しがちだ。このあたりがシュートボクセがバーリトゥードに強い要因のひとつだろう。タックルを切ってからの膝や蹴り、パンチを打ってからのタックルなど、とにかく機能的だ。そこには肘打ちも入ってくる。ＰＲＩＤＥや修斗の試合では肘は使えないのだが、日頃から意識して練習しているようだ。ムエタイをバックボーンとしているプライドがこんなところにうかがえる。

それにしても彼らはよく動く。リズミカルに。まるでボクサーのシャドーボクシングを見ているようだ。シャドー・ボクシングに膝蹴りやハイキック、時折タックル、そんな感じだ。そういうのを見ていると、「あぁ、ホント彼らは打撃系バーリトゥーダーなんだな」と思う。柔術やルタリブレなど、これまで組み技主体のバーリトゥーダーを数多く見てきただけに、シュートボクセの連中の動きはよけい新鮮に感じられた。

黒人の身体能力――ペレとアンデウソン

とくにペレとアンデウソン・シウバの動きがすごい。ふたりとも黒人ということもあってか、とにかく身体能力がすさまじい。スピード、リズム感、ジャンプ力など、どれをとってもすばらしいのだ。そしてなにより美しい。まるでダンサーだ。実際アンデウソン・シウバはプロ格闘家になる前はダンサーだったらしい。

シュートボクセ・アカデミーでは飛び膝蹴りの練習もしている。日本でもそういう練習をやっているところがあるのだろうか？　私は知らない。やはりふたり一組になって、ひとりが相手の片足を自分の胸あたりで抱えてもち、膝蹴りをするほうは相手の頭を片手でもつ。そこから片足でけんけんしながらジャンプして、相手の側頭部をめがけ飛び膝蹴りを入れる。それを道場を往復しながら繰り返す。

このときのジャンプ力が桁ちがいなのだ。ここでもペレとアンデウソン・シウバが目を引く。私はすっかり彼らふたりのファンになってしまった。こんな練習をしているから野生的で予測不能な動きが試合でも出てくるのだろう。

ウォーミング・アップとふたり一組の約束練習を1時間ほど、その後すこし休憩してから、グローブを着けてのスパーリングに入る。まずは打撃スパーだ。といってもルールはけっこうアバウトで、普通のデカい打撃用のスパー・グローブをしている奴もいれば、バーリトゥード用の小さくて握れるグローブをしている奴もいる。だから一応打撃スパーなんだけれど、抱えこんだり倒したりという動きも入ってくる。見ていると、闘いながら暗黙の了解でお互いのスパー・ルールを決めているようだ。

全体的な動きや打撃に関しては、トリッキーなペレやスピーディで巧いアンデウソン・シウバが魅力的だが、スパーとなると、やはりヴァンダレイ・シウバが圧倒的に強い。それはフジマール会長も言っていた。「いちばん強いのはヴァンダレイだ」と。

ヴァンダレイ・シウバ

ヴァンダレイ・シウバは、クリチバではみんなから「ヴァンダレイ」と呼ばれている。アカデミーの中では、やはりヴァンダレイがいちばん力強い。まず単純に体格がもっとも大きい。だが、見ていると特別打撃が巧いわけでもなく、すごい動きを見せるわけでもない。意外と体は硬く、ハイキックもあまり出せないし、パンチや蹴りが特別速いってこともない。はっきり言うと、あまり器用ではない。では何が優れているのだろうか?

彼のスパーリングを見ていると、だいたい打撃で入っていって、組めそうだったら組む。そして脇を差して押し込んでいく。ちょうどグレコローマン・レスリングのような形になる。シュートボクセではレスリングのフリースタイルのような足へのタックルへはほとんどいかず（一応練習はしているが）、だいたい脇を差しにいく。そこから膝蹴りを側頭部やボディに入れたり、壁際まで押し込んでから離れ際のパンチなどを狙っていく。このあたりは打撃系バーリトゥーダーの真髄だ。

ヴァンダレイはそのあたりが巧い。体を利して押し込んでいって自分のペースをつくり、打撃を入れていく。

シュートボクセのスパーリング

ヴァンダレイとペレのスパーでは、最初はグローブを着けての打撃のみスパーをやっていたのに、途中から脇の差し合いになると、お互いグローブを脱ぎ捨ててテイクダウン狙いの組み技スパーに突然変わった。お互い意地になってきたらしい。

ヴァンダレイは他の連中に対しては多少流しながらやっている感があるけれど、ペレに対してはかなりマックスでいっていた。ハファエル・コルデイロやクンニャは彼よりだいぶ小さいし、大きくてもレベルがそんなに高くない奴（出稽古にきてる奴や今後が期待の新人）とは真剣にはやらない。おそらくヴァンダレイは、ペレだけは自分がマックスでいっても平気な相手だと思っているんだろう。

ただしそれは彼が勝手に思っていることで、ペレにとってはけっこう大変なはずだ。なんといってもヴァンダレイはペレより10キロくらい重いのだ。実際、別のスパーのとき、ペレはヴァンダレイに見ていて嫌になるほどの（あんなん絶対に喰らいたくないなあ、というレベルの）ローキックを3連発同じ箇所にもらって、スパーの後にフジマール会長に泣き言を漏らしていた（「あんな本気で蹴らんでもええやん、しかも3発も、連続で」みたいなことだろう）。

でもペレもそのスパーが終わるまでは意地でも倒れなかったし、文句も言わずにやっていた。さすがだ。ただしその後の練習は、足が痛いと言って休んでたけど。でももちろん練習が終われば同じチームの仲間、恨みっこなしだ。こういうことは格闘技をやっている連中の間ではよくある話である。

「俺は相手を選ばない」

ヴァンダレイはこういう話からもわかるとおり、ハートが強いのだろう。これは格闘技、とくに打撃系格闘技やバーリトゥードにおいては非常に大切な要素だ。フジマール会長いわく「彼は本当に闘うことが好きで、試合だからといって必要以上に緊張したり、恐怖を感じたりはしない」らしい。もちろんいい意味での緊張感はもっているだろう。つまりは、恐怖を克服しつつ、普段の力を十分発揮できるようなセルフ・コントロールができているということだ。

それに彼は試合の対戦相手のことを本当に当日まで知らないこともあるらしく（名前や最低限のデータくらいは聞いているだろうが）、どんな相手であろうと自分の闘い方をすると決めているようだ。ビデオで研究するといったこともないらしい。だから彼の闘い方には迷いがない。とにかく、俺は俺の闘い方をするだけ——迷いがないから彼の闘い方には周りすべてを強引に自分のペースに巻き込んでいく爆発的な勢いがあるのだ。

とにかく「対戦相手は誰でもいい」らしい。ちょうど二度目の桜庭戦の後だったので「次は誰と闘いたい？」と聞くと、彼はそう答えた。「ＰＲＩＤＥ側が決めた相手とだったら誰とでも闘うよ。相手は選ばない。誰とでも闘う。俺は逃げたりしない」

リップサービスもあるんだろうけど、あながち嘘じゃなさそうだった（この後Ｋ－１のミルコ・クロコップと闘うことによって、それは証明された。しかも自分にとってそんなに有利ではないルールで）。

ヴァンダレイはおそらく、打撃のみのルールや組み技限定のルールだったらそんなにたいした選手ではないだろう。ただ、バーリトゥードということになればめっぽう強い。これはヴァンダレイだけではなく、シュートボクセにいる他のほとんどの選手にいえることだ。ただひとり、アンデウソン・シウバを除いて。アンデウソンは単純にキック・ルールで闘ったとしても十分強いと思う。アンデウソンの弟子、ニルソン・デ・カストロもいい。彼も打撃が得意だ。

参謀——ハファエル・コルデイロ

フジマール会長は朝練習の間、声を出したり気合を入れたりはするけど、基本的にあまり練習にはタッチせず、選手たちにまかせている。彼は柔術の茶帯ではあるが、もともとムエタイの人で、バーリトゥードで闘っていたわけではない。シュートボクセの連中がムエタイ選手から打撃系バーリトゥーダーに転身できたのにはハファエル・コルデイロが果たした役割がかなり大きいのではないだろうか。

ハファエル・コルデイロ、彼は立って良し、寝て良しだ。打撃にも寝技にも優れていて動きが柔らかい。ただし、はっきりと引退したわけではないけれど、現在選手としては第一線から退いている状態だ。ハファエルは引き出しが多い。打撃だけではなく柔術的な下からの動きや総合的な闘い方にも精通している。それにスマートだ。頭がいい。

だから彼はシュートボクセ・アカデミーの「総合コーチ」「フジマール会長の右腕、参謀」といった存在になっている。打撃のコーチはアンデウソンやクンニャなどもいるが、寝技についてはハファエルが中心になって教えている。

ただしシュートボクセの朝練習はトップファイターばかりなので、誰かひとりが完全に仕切ってみんなに練習させるといった形ではなく、基本的にはみんなで相談しながら練習方法を考えたり、技の研究をしたりという具合だ。ウォーミングアップや打撃練習はアンデウソンが引っ張って、寝技練習はハファエルが仕切るという感じ。

ヴァンダレイはシュートボクセのエースということもあって、一選手として自分の練習だけに没頭しているし、周りもそんな彼に協力している。

寝技も万全のコンプリートファイター

シュートボクセでは寝技の練習にももちろん力を入れている。やはりふたり一組になって、まずひとりが台になり、もうひとりが基本的な技（十字や三角）を確認しながらかけていく。その行程をお互いに繰り返して行う。次はハファエル・コルデイロが中心になって、新しい技のかけ方や入り方を研究したり、みんなで話し合いながら試したりして、最後にスパーリングとなる。

シュートボクセの連中は寝技も相当に巧い。上からだけじゃなく、下になっても何の違和感もなくスムーズに十字や三角を狙えるし、対応できる。日本ではなかなか見られないけれど、ヴァンダレイも練習ではさらっとフロントチョークやアームロックでタップを奪っていたりするから新鮮だ。彼らと闘う選手は「奴らは寝技に穴がある」などと思わないほうがいいだろう。彼らの寝技技術にはまったく問題はない。近頃のシュートボクセのPRIDEでの躍進ぶり（ニンジャの寝技など）を見れば、そんなことを思う人はいないだろうが。

ヴァンダレイは試合で関節を取りにいったりはしないけれど、それは「できない」からではなく、自分流の闘い方をするために「あえて狙いにいかない」だけなのだ。〝ポジショニングからの極め〟ではなく、〝ポジショニングからの打撃〟――それがシュートボクセ、ヴァンダレイ・シウバの闘い方なのである。

もともとケンカの強い奴らが格闘家になった

はっきり言って彼らに穴はない。少なくともバーリトゥードという闘いにおいては。あとは個人の能力の差や性格、相性の問題といった部分で勝敗が決まるだろう。それと試合当日のコンディションと運。

ただし彼らシュートボクセの連中のコンディションは常に良いだろう、おそらく。スタミナ切れなどもしないだろう。日頃から中身の濃い締まったトレーニングをしているし、見ていても、なんというか彼らは闘うことが好きだからか、何かエネルギーに、自信に満ちあふれているのだ。気の強さ（打撃系格闘技やバーリトゥードではとくにこれが重要）、身体能力の高さ、体の骨格、丈夫さなど、そういった部分で、彼らは格段に優れている。

格闘技をやる人間には2タイプいる。もともと格闘技なんかやらなくてもケンカは強いが、闘うことが好きで、より強くなりたいがためにはじめたタイプ。腕っぷしにはいまいち自信がないけど、格闘技が好きでやってみたい、強くなってみたいと思ってはじめるタイプ。

明らかにシュートボクセの連中は前者だ。あいつらはもともと強いんだ、きっと。無頼というか男らしいというか。弱いものいじめはしないし、ケンカに武器は使わず、やるんだったらタイマン勝負――そんな男の意気を感じさせてくれる。

私が感じたシュートボクセ・アカデミーというのは、そういう男たちの集まりだった。

＊

UFCのビルボードに迎えられて

その後も何度かシュートボクセを訪ねたが、NHKの取材で行った2006年が最後となった。あれから10年。PRIDE（日本）からUFC（アメリカ）へと、格闘技をとりまく世界の趨勢は大きく舵を切った。大量のスター選手が離脱したシュートボクセ・アカデミー自体も大きく変容したことだろう。

ブラジルの中でも比較的治安のよい、パラナ州の州都クリチバは国土の南部に位置し、人口167万人。荒っぽいファイトで世界を席巻したシュートボクセ勢のイメージとはまるでかけ離れた、静かな雰囲気に包まれた美しい街だ。

今回の2016年のブラジル行きでは、最初の漂着地点をUFC198が開催されるこの街に選んだ。ウズウズするような高揚感で胸が躍っていた。いや格好をつけるのはよそう。かつては冒険心に富む30代だった私も今や40代半ば、取材で行く以上は絶対に成果を上げなくてはならない。UFCをきちんと取材できるのか。クリチバは治安がいいが、その後訪れるサンパウロ、リオはそうではない。会うべき人に会えるだろうか。不確定要素も多く、正直いってプレッシャーを感じてもいた。

私を乗せたエールフランス便は、給油のため一度パリでトランジットし、日本を後にしてから36時間半後、ついにブラジル・クリチバにその翼を下ろした。11度目の来伯である。アフォンソ・ペナ空港での入国審査を無事終え、荷物を受け取ろうと階下のベルトコンベアに向かって歩いていると、左手の壁一面がＵＦＣの広告で占められていることに気づいた。当たり前だが、空港を利用するのは格闘技ファンだけではない。いかにブラジルでＵＦＣが認知され、興味の対象となっているかが分かる。ヴァンダレイ・シウバやアンデウソン・シウバを生んだクリチバとはいえ、すごい。そのビルボードが中央で分かれ左右に開いていく。壁だと思っていたのは、出国ゲートの扉だった。飛行機でこの街を訪れたすべての人が空港内で最後に目にするビジョン、それがＵＦＣ１９８のビルボードということだ。よほどの社会的認知度と信用がなければありえないことである。

それをこの目で確認しに、当日、私は会場に行く。そのビルボードを見て写真家としての血が騒ぎ、一気にテンションが上がった。やるぜと。一日半のフライトの疲れも吹きとんでいた。

シュートボクセ再訪

ホテルへ向かうタクシーの車窓から見る街並みに、さほどの変化はなかった。十年ひと昔というが、クリチバに関してはその歳月は関係なかったようだ。海に面していないこともあり、いわゆるブラジルっぽい雰囲気はなく、むしろヨーロッパの街並みを思わせる。そして寒い。それを想定してもってきた服では足りないくらい。

北半球に位置する日本とは季節が逆のブラジルでは5月は冬にあたる。こんなに静かで美しく、そして肌寒い街から、あの熱くて荒っぽいシュートボクセのファイトスタイルが生まれた不思議を改めて思わずにいられない。

ホテルで50時間ぶりにシャワーを浴びてから早速シュートボクセに向かうことにした。シュートボクセを取材するのに、フジマール会長は外せない。初めて会ったときから圧倒的なカリスマ性で組織を引っ張っていた。それは今も変わらないはずだ。正直アポは取れていない。フェイスブックのページに出ている住所を書き留めた。

とりあえずここに行ってみよう。ちなみにシュートボクセは英語の呼び方で、現地では〝シュッテボクセ〟という。こちらの呼び名のほうがブラジルにいるからか、なんだかしっくりくる。

ホテルからタクシーに乗ること30分、市内の中心地から少し離れた郊外で車が止まった。一度来たことがある。最後にシュートボクセを訪れた際、「いちばん新しい支部だ」と紹介された白くて大きな四角い建物。ここが現在のシュートボクセ本部のようだ。夕方早くに着いたこともあって、アカデミーにいたのは3人だけ。

ひとりは事務員で、ふたりは柔術のプライベートレッスン中である。それを見学し、終了したところで話しかける。ふたりはまったく英語が通じない。レッスンを受けていた生徒が少し話せたので、ぎりぎり会話が成立した。ブラジル取材はいつもこんな感じだったなと、当時の感覚が蘇ってきた。

教えてもらったフジマールの携帯番号へ電話をかけてみる。これが2回目、先ほどはつながらなかった。

「トゥ・ドゥ・ベン?(ハウ・アー・ユー?)」

電話の相手がそう聞いてくる。

「アー・ユー・ミスターフジマール?」

「スィン(イエス)」

シュートボクセ総帥、フジマール・フェデリコの声だ。10年ぶりに彼とつながった瞬間だった。

2016年のフジマール・フェデリコ会長

翌朝、ふたたびシュートボクセへ向かう。

フジマールとは9時に会う約束だった。通勤ラッシュに捕まり遅れるのは絶対に避けたかったので、8時少し前にホテルを出た。さいわい思ったほど道は混んでいなかったが、反対車線は渋滞している。市内から郊外へと向かう道だったので助かった。

8時20分、早く着きすぎたかなとも思ったが、すでに道場にはちらほらと人が集まっている。まあいい。30分からはじまるムエタイクラスを見学する。私のこの一連の行動から察してもらいたいのは、それほどフジマールは忙しく、実際に会って話を聞くのはなかなかに困難なのだということである。

と、見たことのある顔が入ってきた。

ん？　ニルソン・デ・カストロだ。いまはMMA（「ミックスト・マーシャル・アーツ」の頭文字。日本ではかつて「総合格闘技」と呼ばれていた）を引退し、シュートボクセのヘッドコーチをしているとのこと。聞けば44歳、私と同年代だ。少し丸みを増した身体と柔和な表情。小さな子どもがひとりいるそうだ。セカンドキャリアが無事動き出していることに、なんだかほっとした。

そして、ほぼ9時ぴったりにふたりの取り巻きとともにフジマールが現れた。

「ゲンキデスカ?」道場に響きわたるような大きな声で、微笑みながら聞いてきた。

「イエス!」手をさしのべて応じる。

「ドゥー・ユー・リメンバー・ミー?　アイム・ジャパニーズ・フォトグラファー、タカシ・イガ」

「オフコース、オフコース!　ユア・ブック、アイ・リメンバー、イガサン」

さっそく話を聞こう。以前と同じように私とフジマールの片言英語の会話がはじまった。

――いまはこのアカデミーが本部なんですか?

「そうだよ。以前本部だったところはもう閉めてしまったんだ」

――ここの会員数は?

「300人ぐらい。シュートボクセ全体だとどれぐらいだろう。4000〜5000人ぐらいじゃないかな」

おもむろにiPhoneを取り出すと、ある動画を見せてくれた。大きな体育館にすごい人数が集まってムエタイの練習をしている。どうやらパラナ州のどこかで行われた合同練習会のようなものらしい。子どもからおじさん、女性まで、年齢、性別を問わずさまざまな人々がいる。フィットネス的なムエタイの練習会といった趣か。

――ちなみに支部はどのくらいあるんですか?

「現在、クリチバに8、サンパウロに10。サンパウロのジムがいいね。強い選手が揃っている。その他の州にもかなりあるよ」

あそことあそことあそこと、と挙げはじめた本人も完全には把握していない様子だ。

――組織としてずいぶん大きくなりましたね。

「そうだね。1978年にシュートボクセをはじめた当初は公園でやっていたけど、次第に人が集まりだして70人になったとき、ジムをもったんだよ。それを考えたら大きくなったよね」

40年前に青空道場からはじまった小さなムエタイのジムが、やがてブラジルは言うにおよばず、日本、アメリカをはじめ世界を席巻するまでの一大ムーブメントを引き起こすとは、誰が想像しえただろう。おそらくフジマール本人も同じだったにちがいない。

17歳の高校生だったフジマールがシュートボクセを開いたとき、ムエタイ歴はわずか5年だった。

ヒクソンと二度にわたる死闘を繰り広げたズールと18歳でアカデミーで戦ったとき、フジマールの体重はわずか62キロ。顔を腫らせながらも巨漢を相手に果敢に立ち向かったことで、彼はこの地で人々の信頼を勝ち取った。その背中を若きヴァンダレイ・シウバやマウリシオ・ショーグン、ファブリシオ・ヴェウドゥムらが追った。

その闘いぶりはまだ原始的なバーリトゥードだったかもしれない。しかし、彼らが今日までやってのけてきたことは紛れもない事実なのだ。

フジマールは格闘技で人生が変わった。7年間クリチバ市議会議員を務めた時期もあり、スポーツ担当の部署の長をしていたという。そんな要職の地位で腕をふるったフジマールが格闘技の世界一本に人生を絞ったことについて後悔はないのか聞いてみた。

「まったくないね。本音をいえば政治家時代のほうがおカネはあったけど、そのぶん煩わしさもあった。道場の運営にもいろんなことはあるけれど、そっちは好きだからか苦にならないんだ」

――あなたにとって格闘技とはなんですか？

「ライフスタイルであり、仕事だ。そしてこれが重要だけど、格闘技は私を幸せにしてくれた」

自身、柔術をやっていて、まだ茶帯なんだと楽しそうに話す。

「53歳になったけど、まだまだ気持ちは20歳だよ」という明るく大きな声には張りがあった。息子がひとりいて

13歳とのこと。格闘技をやらせているのだろうか。

「ノー」

「じゃあ何をしているの?」

「勉強してるね」

微笑みながら言う。なんともいえずいい感じである。

大量の有名選手の離脱についても一応聞いてみたが、もはやあまり関係ないといった印象を受けた。過ぎ去ったことだと。今は今で忙しいし、やることもたくさんある。

昨日の電話で「20~30分は時間を取れるよ」と言っていたが、最終的には1時間近く時間を割いてくれたフジマール。最後は慌ただしくジムを出ていった。このあと空港に直行しサンパウロに飛ぶのだそうだ。

過去の栄光と現在進行形の若手陣

フジマールが去った後、ルシアーノ・モンジェという柔術黒帯コーチの下、4名でのプロ練がはじまった。そこには先ほどフジマールが推薦した有望株のアリソン・ヴィセンテも参加していた。午前のプロ練は月曜と水曜がムエタイで、火曜と木曜が柔術、そして本日金曜がMMAとなっている。フジマールは基本的にこの練習には毎日顔を出して、チェックしていると言っていた。

しかし、正直にいえば、この日見た練習に真新しいものはなかった。打撃からのテイクダウン、寝ている相手へのパウンドなど、いまの時代ならやっていて当然の練習を繰り返しているだけで、15年前初めて私がシュートボクセを訪れたときのあの衝撃はなかった。そういえばフジマールも「昔はポハダ(殴り合い、荒っぽいファイト)が毎日だった。いまはそのテンションでやるのは週に1回ぐらいかな」と言っていた。

それでも、練習を見ているとやはりシュートボクセは打撃のチームなのだと再認識できた。それに加えて、寝ている相手へのパウンディングである。そういう意味では柔術のポジショニングの技術が必須となるわけだが、テイクダウンの技術がそれほど高くないため、UFCをはじめとする現在の世界の潮流である金網でのファイトには、あまり適していないと感じる。だから金網ではなくリングで闘い、膠着時にはブレイクしてスタンドから試合を再開する日本のスタイルのほうが肌に合ったのだろう。フジマールが再三言っている、アメリカよりも日本のほうが好きだ、日本で闘わせたいという意識は間違っていない。日本のリングで幾度となく闘ったニルソン・デ・カストロの言葉が印象的だ。

「シュッテボクセは今も変わらずクリチバで一番の道場だ。たしかにいろんな道場ができてきたけど、俺たちのシュッテボクセはちがうステージにいる。何本チャンピオンベルトを取ってきたと思う？　やってきたことがちがうんだよ。うちには他には絶対にない〝歴史〟があるんだ」

だからといって、過去の栄光だけに囚われているわけでもない。

現在のシュートボクセには、ＭＭＡ21勝1敗、ＵＦＣ5勝1敗のトーマス・アルメイダ、ＵＦＣ4勝3敗と勝ち越しているルカス・マルチンス、さらに日本のＲＩＺＩＮのリングに上がったフェリペ・エフライン、アラン・ナシメント、シンディ・アルベスなどの若手も育ってきている。さらに、今回地元クリチバで開催されるＵＦＣ１９８の目玉ともいうべき女子選手クリス・サイボーグも所属している。ファンの方はご存じのとおり、彼女はＵＦＣ初参戦ながら、ここまでＭＭＡ戦績15勝1敗という圧倒的な戦績を誇り、オクタゴンに上がる前からＵＦＣのチャンピオンベルトを期待されている逸材である。それを明日、確認しにいく。

ＵＦＣのプレスパス

その前に、前夜祭ともいえる公開計量をこれから見にいくとしよう。

ＵＦＣ１９８が開催される会場は、サッカークラブ「アトレチコ・パラナエンセ」の本拠地アリーナ・ダ・バイシャーダだ。クリチバ市内にあって交通の便は良い。静かで落ち着いた住宅地に、いきなり巨大スタジアムが出現した、といった感じである。滞在していたホテルからはタクシーで15分程度だった。大会は明日だというのに会場入口には露店も出ていて、人も多い。

今回は雑誌「ゴング格闘技」に取材申請をしてもらっていた。ただ試合当日、つまり明日の本番まで、自分のパスがどんなカテゴリーになるか分からなかった。オクタゴンサイドで撮影できるカメラマンなのか、観客と同じ目線で会場内から撮影するカメラマンなのか、単なる記者としてなのか。記者の場合、試合撮影はできない。今や世界に冠たるUFCでは、ただでさえパスを取るのが難しく、オクタゴンサイドで撮影するのはほぼ不可能と言われていた。アメリカ開催時でさえそうなのに、まして今回はブラジル開催だ。二大格闘技大国であるアメリカとブラジル両国の記者とカメラマンが一斉に申請しているから、数に限りがある。

今のUFCは、日本のメディアやマーケットなどまったく相手にしていないと聞いてもいた。北米（アメリカ、カナダ）、中南米（メキシコ、ブラジルなど）、ヨーロッパ（イギリス、アイルランド、ドイツ、スウェーデンなど）を中心に、すでに絶大なるマーケットを形成しているからだ。

渡伯の日が迫ってもパスが取れるかすら分からなかったので、一応ネットで一般のチケットを買っておいた。直前になってパスは取得できたのでチケットは無駄になったが、たとえ撮影できない記者扱いのパスカテゴリーになったとしても、バックヤードまで入れるからチケットよりいいに決まっている。記者はメディアルームに入れて、試合後の記者会見に立ち会える。ケータリングの食事と飲み物もフリーだ。

離日前からこうしたスリリングな経緯があったため、私の中でUFC取材はかなり楽しみになっていた。

カメラマンというものは基本祭り好きのアクシデント好きである。非日常的な場面、何か起こりそうな気配に敏感に反応して行動する。もう少し敷衍《ふえん》していえば、他者に興味があるということだ。

写真には被写体が必要だ。それは人物だけを意味しない。風景や物など、とにかく写す〝対象〟が欠かせず、そういった意味では自分の脳内でクリエイトした世界に形をあたえる小説家や画家とは根本的に異なる。だから、写真家は他者に興味がなくてははじまらない。自分の殻に留まることなく、世界に出ていかなければダメだ。この場合の「世界」は、単に外国ということでもないし、戦場や辺境地である必要もない。自分が意識する「世界」がそこにあれば、それを撮れということだ。私にとってそれはブラジルであり、格闘技であり、明日のUFCだった。

Quiosque

TWINS
SPECIAL

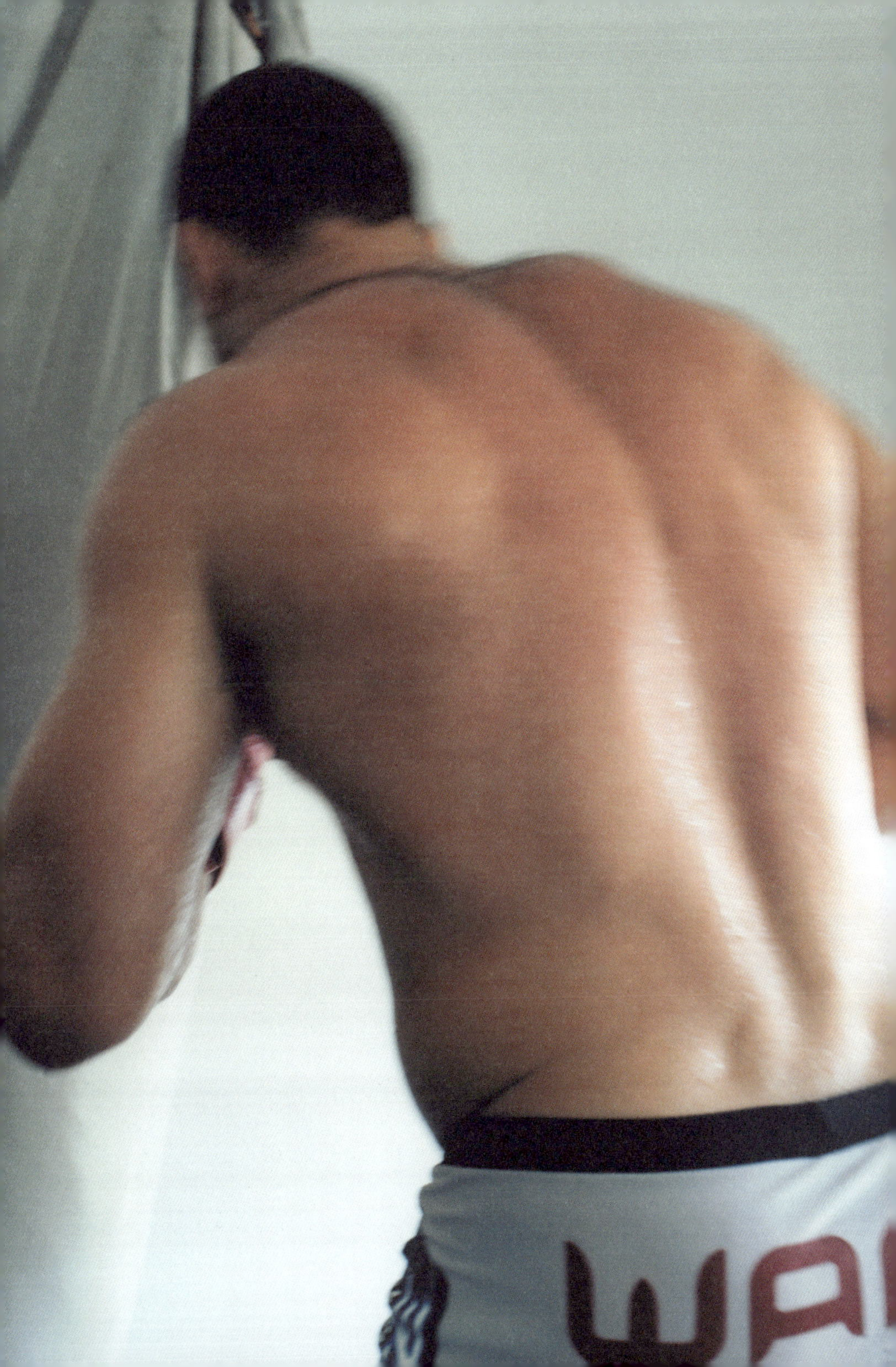

CHUTE BOXE

公開計量での邂逅

その前に今日の公開計量だ。マスコミ専用のゲートから中に入った。会場は4万5000人が入るサッカースタジアム。ピッチの手前中央にステージが設置され、相対する形で観客席が設けられている。360度ぐるりとステージを囲んでいるわけではなく、観客席の半分を使用している感じだ。想像以上の人の群れ、その数2万人、公開計量としてはUFC史上最高の動員数らしい。初体験の熱気を前に心が踊る。公開計量でこれか！

ステージ前の記者席に陣取っていると、見知った顔を発見した。マルセロ・アロンソだ！　懐かしい。どちらからともなく歩み寄り、互いに「おー！」と笑顔で肩をたたき合う。たしか年齢も同じで、そういう意味でも当時から親しみを感じていた。40代半ばと多少歳は食ったが、マルセロの見ためはそんなに変わっていなかった。

以前は「TATAME《タタミ》」という格闘技専門誌で自ら写真を撮り、記事を書いていたマルセロは、ブラジル格闘技界のことなら何でも知っている。15年前、ペケーニョの元に連れていってくれたのが彼だった。初めてブラジルを訪れた2001年3月、誰も知り合いのいなかった私が唯一拠り所としたもの、それは「TATAME」編集部の電話番号だった。そこに電話してつながったのがマルセロで、「日本から来たフォトグラファーです。アレッシャンドリ・フランカ・ノゲイラに会いたいので、居場所を教えてください」と英語で伝えた。幸いジャーナリストであるマルセロは英語が堪能で、「ちょうど良かった。今からペケーニョの取材に行くけど、一緒に来る？」嘘のような展開で話は進み、私はその1時間後にはマルセロの車に乗っていた。滞在していたコパカバーナまで彼が迎えにきてくれたのだ。

それが縁でペケーニョに会い、彼とも意気投合して、私の記念すべき処女作は誕生した。その意味ではマルセロも本書の前身である『ブラジリアン　バーリトゥード』の生みの親のひとりと言える。その後も、ブラジルに滞在した3カ月のあいだにルタリブレやMMAの会場で何度か会い、ベネズエラのカラカスで開催されたIVC大会の取材では、ホテルも同室になった。

今は「TATAME」を辞めて、人気格闘技番組「Combate News」のコメンテーターを務めているという。この取材エリアには記者以外にも、格闘技関係者や高いチケットを購入した熱心なファンも入れるようになっていたから、私と話している最中も、マルセロは何人もの人から一緒に写真を撮ってくれとせがまれていた。15年前にはなかった光景だ。マルセロにファンがいる。喜ばしいことだ。

彼は「Portal do vale tudo」という格闘技サイトも持っていて、こちらのほうは選手や大会を取材しては、自分の好きなように記事を書き、アップしている。雑誌からウェブへと形は変わったが、ジャーナリスト、格闘技記者としてのベースは変わらない。長年培ってきたその部分があるからコメンテーター役も担える。「Combate News」は人気番組なだけに、コアな視聴者だけで300万人いるという。生粋の格闘技ファンしかいないこの会場で、マルセロが写真攻めにあうのも無理はなかった。その彼が言う。「今やMMAはブラジルでサッカーに次ぐ人気で、UFCミドル級王座を10回防衛したアンデウソン・シウバは、ネイマールに迫る存在感なんだ」

にわかに信じがたく、「本当に?」と思わず聞き返した。

「さすがにネイマールは別格だけど、他のセレソンよりよっぽど人気があるよ」

格闘技ジャーナリストが言うことだから、多少は割り引いて聞く必要があるかもしれないが、そう言われて、クリチバ空港に大きく展開されていたド派手なUFC広告を思い出した。ありえない話ではない。

「ちなみに、アンデウソン・シウバの次に人気のある選手は?」

「ヴェウドゥム、ビクトーかな。レジェンドとしてはミノタウロやヴァンダレイ。その後にジョゼ・アウド、ジャカレイ、リョート、ショーグン、デミアン・マイアらが横一線で続く感じだね。UFCの中継がある日は、興奮したファンの奇声が深夜にそこかしこの家から聞こえてくるぐらい、MMAは若い子を中心に人気があるんだよ」

なるほど。それを聞いてこの異様な盛り上がりも理解できる気がした。

ステージでは、第1試合から順番に双方の選手が登場し、パンツ1枚(女性はビキニ姿)になり中央の計量台に乗ってポージングし、みごとクリアであれば、対戦相手とお互いに向かいあって写真撮影という流れで公開計量が進んでいく。対戦相手ふたりの睨み合いと態度ひとつに会場は沸く。インタビュアーによるコメントが付けば尚更だ。運営は非常にコントロールされていて時間の無駄もない。さすがにMMAイベントの老舗、1993年11月の第1回大会以来、23年間も続いているだけのことはある。ファンたちも楽しみ方をよく心得ている。こうして明日の本番に向け、選手のみならず、ファン、マスコミ、運営陣と、皆のボルテージが上がっていく。

撮影場所はオクタゴンサイド

5月14日土曜日、UFC198の当日を迎えた。

昨日、マスコミ対応ゲートにいた担当者にパスのカテゴリーについて聞いてみたが、当日にならないと分からないと言われていた。会場にもっていく機材のセレクトに関わってくるから、本当は事前に知っておきたかったのだが。カメラマンならそう思うのは当然だ。観客席からの撮影であれば望遠レンズは必須だし、試合撮影ができない記者としてならば、標準ズームレンズを装着したカメラ1台のみという軽装で済む。可能性は限りなく低いが、もしオクタゴンサイドということになれば、望遠レンズよりもむしろ単焦点レンズを、というように持参するものが全然ちがってくる。しかたない。あらゆるシチュエーションに対応できるようブラジルにもってきたほとんどすべての機材をかついで会場に向かった。完璧を期すのがプロの仕事である。

午後4時半、マスコミ入場口が開場した。名前を言ってサインをし、パスを受け取る。

「あれ？　何のパスなのか言われなかったぞ」パスを見るが、特別なことは何も書かれていない。ということは、まあ記者ということなんだろうなと思い、エレベーターに向かって歩きながら、何気なく裏を返した。日本にいるときから、さんざん「カメラマンは無理。おそらく記者のパスですよ」と言われていたし、それを半ば受け入れていたので、単純に裏はどうなっているのだろうというくらいの気持ちで、ひっくり返しただけの行為。

そこには小さく「OCTAGON SIDE」の文字があった。

「うおっ、オクタゴンサイド！」

目を疑い、もう一度まじまじと見る。間違いない！　喜びが爆発した。声を発していたかもしれない。昨夜からホテルで寝ずに原稿を書いていたので、実は疲れを覚えていたのだが、オクタゴンサイドで撮影できると知って、写真家としての自我が一瞬でレッドゾーンに振り切れた。やるぜ。やってやる。

貧しく暑いレシフェの柔術道場で

世界最高峰の格闘技イベントUFCをブラジルのオクタゴンサイドで撮る。今日のMMAの隆盛の素地となったバーリトゥードを生んだブラジルの地で、最先端のMMAを撮るのだ。

よくぞここまできた。本当に感慨深いものがある。

UFCのまぶしいプレスパスを手にしたまま、気がつけば、11年前にレシフェ郊外の小さな町で見た、ある格闘技興行のことを思い出していた。私がブラジルの片田舎で目撃した「あの闘い」は、まだもって原始的な匂いをまとった〝バーリトゥード〟そのものだった――。

まさしく、光陰は矢のごとしだ。

2005年3月、ブラジル北東部のノルデスチと呼ばれる地域を初めて訪れた。ブラジルの中でもとりわけ貧しく、危険で、しかもリオ・デ・ジャネイロより断然暑い。中心地レシフェは人口160万人。海に面した街は都会の顔を見せつつも、少し行けば普通に牛が現れるような、洗練されていないリオともいうべきところだった。

海岸沿いのホテルに滞在し、たまたま見つけた近くのアカデミア・ケゼンという柔術道場に通った。歩いて10分程度だったと思う。格闘技をやる者にとって、道場を見つけるのはある種宝探しのようなもので、看板を見つけるとなんだか嬉しくなってしまう。偶然なら尚更だ。先生は茶帯の白人。道場にはエアコンなどないから練習中はとにかく暑く、とても連続でスパーリングなどできなかった。それなのに誰もが難なくこなしている様を見て、こんな環境で練習していたらそら強くなるよなと、ブラジルの底辺の広さを知った思いがした。

ひとりよくしてくれた奴がいた。あだ名はトラトー。トラックの意味だそうだ。おそらく体が頑丈ということだろう。たしかにトラックのように四角い体をしていた。

今ほど競技としての柔術が確立されておらず、地方ということもあってか、アカデミア・ケゼンではバーリトゥードの練習もしていた。週末に試合があるというので、迷うことなく「連れていってくれ」と懇願した。

当時はメモを取る習慣がなかったため、日付や曜日は覚えていない。デジタルカメラで撮影していればデータが残るから後で確認できるのだが、当時私はフィルムで撮影していたため、何の記録もない。おそらくアカデミア・ケゼンの前に集合したのだと思う。残念ながらそういった細かいことはまるで覚えていない。若さとは恐ろしい。メモを取ろうよ。今ならそう思う。

1台の車で出発した。4人だったと思う。トラトーが乗っていたことはよく覚えている。車はすぐにレシフェ市街を抜け、郊外へ、郊外へと進んでいく。そのうち人家もなくなり、峠のような道を右へ左へと進んでいく。辺りは真っ暗で、我々の車以外、前にも後ろにも走っていない。次第に不安になってきた。

(身ぐるみ剥がされて、ここに置き去りにされたら、どうする?)

(殺されてこの辺りに埋められたら、誰にも発見されないだろうな)

(目撃者もいーひんし)

とにかく自分以外、今ここには3人のブラジル人しかいないのだ。私が日本人でカメラマンだということは、彼らはすでに知っている。道場で撮影していたのだから当然だ。彼らにとってカメラは相当な高級品だ。少々腕に覚えがあるといっても、自分より体の大きい格闘家3人に襲われたらアウトだろう。ましてや拳銃などを突きつけられたら……。レシフェの街にはジャンキーや売人と思しき奴らがいっぱいいた。そういう街では銃も容易に手に入るにちがいない。

今のようにWiFiルーターを持ち歩いているわけでもなければ、ツイッターでつぶやけるわけでもない。私がレシフェにいて、そのうえバへイロスという田舎町のバーリトゥード大会に撮影に出掛けているなど誰も知らない。家族にも言っていなかった。国際電話にしても、高くて簡単に掛けられるものではない。同時期、雑誌「ナンバー」編集部と1時間電話で話して10万円した。わずか11年前の2005年とは、まだそんな時代だった。

闇夜を走る車中、表面上は明るく振る舞いながらも、内心は穏やかではなかった。人間、そんなに悪いもんじゃない、ましてや二、三度とはいえ体をぶつけあった仲だし――そう思い込もうとしていた。細かいことは忘れても、あのときの心模様だけはよく覚えている。その後、2時間弱走った車は無事バヘイロスに到着した。平静を装っていたが、実はどれだけほっとしたことか。今となっては苦笑するほかない。

「草バーリトゥード」の興奮

バヘイロスは、レシフェから約100キロメートル離れた人口4000人の小さな町だった。

こんな辺鄙な場所でなぜ大会を開催するのだろうというのが率直な感想だった。人口160万人の都市レシフェでやればいいのにという疑問は、だが、私の拙いポルトガル語ではうまく伝えられなかった。

会場となったのは、おそらく町でもっとも大きなレストランバー。今までいくつかの大会をブラジル国内で見てきた。なかには地方都市もあったが、それでも一応そこそこの人口がある街だった。それがどうだ、喩えるなら東北や四国の人里はなれた山村のような場所だ。

なんなのだバーリトゥード。バーリトゥードというものは、こんなところでも行われるのか。草野球、草サッカーなら知っているが、草バーリトゥードがあるとは露ほども思わなかった。

当然日本人など珍しい存在だ。カメラまでもっているから、目立つなというほうが無理である。主催者からリング上にあげられて、「今日は日本からカメラマンが取材にきています!」とマイクアナウンスで紹介され、やんやの拍手喝采を浴びた。これで大ぴっらに写真を撮れるなと悪い気はしない。スチールカメラマンはリング下から撮るのが普通だが、リング上のロープ外に立って撮ることも許可された。初体験である。

試合はどうだったか。草バーリトゥードなどでは断じてなかった。70キロの8人によるトーナメントを中心に、数試合のワンマッチが組まれていた。参加者は素手でやる者、バンテージを巻く者、グローブをはめる者とさまざまだが、闘いは熱く過酷だった。現在のように洗練されたファイトスタイルではなく、出場者も寝技なしの拳法家やらテコンドー選手などがいた。2005年においてもなお、初期のバーリトゥードのようないびつな闘いが眼前で繰り広げられていた。ガツン、ゴツンと素手で人を殴る音が響きわたる。素手で殴ると、殴ったほうの手もダメージを負いやすいから、自分だったらグローブを着けるか、少なくともバンテージは巻くだろうな、などと思いながら見ていた。

素手ありルールによるワンデイトーナメント。優勝まで3試合。過酷だ。試合時間は5分3ラウンドだったと思う。全試合がKO、一本ないしは、負傷によるTKOで決着がついたと記憶している。アカデミア・ケゼンからはふたりが出場し、ひとりが、手足の長い長身の打撃系の選手に、バックからのチョークスリーパーを極めてみごと優勝した。

いちばん仲良くしていたトラトーは出場を予定していなかったが、トーナメント以外のワンマッチで、ひとり欠場になり空きができたので、誰か代わりにやらないか、と主催者がマイクで募ったところ、「俺がやる！」と立ち上がり、会場を大いに沸かせた。そのやりとりが非常にプロレス的で、興奮したことをよく覚えている。まるで、子どもの頃にテレビで見ていた、金曜8時の新日本プロレスのワンシーンのようだった。何かが起こるかもしれないから片時も目を離せない、そんな不穏な空気と熱狂がそこにはあった。

なのにその後、試合がどうなったのか覚えていない。はたしてトラトーは闘ったのか。Tシャツまで脱いで戦闘モードになったのに、その後どういうオチになったのか。私にとっては、とにかくトラトーが「やってやる」と立ち上がり、Tシャツを脱いで叩きつけたときの会場の盛り上がり、あのテンション、あれこそがこの日のハイライトだった。人の記憶は曖昧だ。どんどん忘れていく。もっとも印象に残ったものだけが、映像としてしまわれていく。とりわけ写真家というものはそうなのかもしれない。

規模は小さいながらも大いに盛り上がった興行だった。血なまぐさい素手での殴り合いであんなに盛り上がれるなんて、ブラジルってなんなのだろう。それを文化と呼ぶのか。しかし、私がどう思おうが、ブラジルにはもともとそういったバーリトゥードを享受する土壌がある。

そのベースがあったうえで、世界最高峰の闘い「UFC」が、ここブラジル・クリチバで開催されるのだ。盛り上がらないわけがないだろう。

ジュカオンとクリチャーノ・マルセロ

気合いを入れてオクタゴンサイドへ歩を進め、自分が撮影する場所を探す。

オクタゴンのすぐ側にはマスコミのためのテーブル席があり、最初はそこに自分の名前ないしは「ゴング格闘技」のプレートを探した。「TATAME」のネームプレートを見つけ、TATAMEですらここなのかと驚く。どこにもない。じゃあ本当にオクタゴンの下なのか、と金網まで近づく。ここにきてもまだ多少半信半疑だった。緩やかに歩きながらチェックする。テレビのクルーや審判、MCの待機席も必要だから、実質スチールカメラマンが撮影できるスペースはオクタゴンの半周程度である。これでさらに枠が狭まった。時計と反対周りにチェックしていくが、ない、ない、ない……と思っていたら、あった。最後からふたつ目が私のスペースだった。「TAKASHI IGA」「GONG」と書かれたシール。ブラジルの格闘技専門誌ですら入れないところによく日本のメディアが入れたものだ。

では他にはどんなメディアが入っているのかと目を転じると、一般の主要新聞社や、大手ネットメディアのカメラマンたちがほとんどだった。マルセロ・アロンソが言っていたように、ブラジルでは格闘技はもはや、好きな者たちだけが見るマイナーなジャンルではないのだ。ここが今宵の私の戦場だ。

試合がはじまる前から、オクタゴン周辺はすでにお祭り騒ぎだ。名物リングアナウンサーのブルース・バッファーやラウンドガール、有名格闘家、タレントなどセレブリティを見つけては一緒に写真をと客たちがせがみ、自撮りスタイルで有名人とのツーショットを撮影している。動画で撮っている者も多い。その画像、映像はSNSで即発信されていく。これが今の楽しみ方だ。有名人もどんどんやっていいよという雰囲気で、咎《とが》める気もないようだ。今この瞬間ネット上にはオクタゴンサイドの映像が溢れかえっていることだろう。

そんな雰囲気のなか不意に呼びかけられた。おお、ジュカオンじゃないか！『ブラジリアン バーリトゥード』でも紹介した左手人差し指のない柔術家で、本名はホアン・ジュカオン・カルネイロ。当時はブラジリアン・トップチームに所属していて、会うたびに話しかけてきて親しくなった。実際に会うのは10年以上ぶりだが、変わっていない。自身、プロ格闘家として日本のリングやＵＦＣで闘い、今はアメリカのアトランタでアメリカン・トップチーム・アトランタの責任者を務めているという。そして現在も現役で闘っている。「トッキーニョ（ホジマール・パリャーレスの愛称）を取材したＮＨＫの番組見たよ。とても良かった！」と言われて嬉しかった。

昨日の公開計量では、クリスチャーノ・マルセロにも声をかけられた。クリスチャーノも同書で紹介している。ヒクソン・グレイシーの自宅に2年間住み込んでヒクソンから直々に柔術を習い、その後ヴァンダレイ、アンデウソン、ニンジャ、ショーグンなどが在籍していた時代のシュートボクセで長らく寝技のコーチを務めていた。そこで出会い、彼が英語が堪能だったこともあって仲良くなった。大柄な選手が多いシュートボクセにおいて比較的、体のサイズが私と近かったので、ガチのスパーリングを何回もした。とにかく三角絞めをよく極められた。来ると分かっているのに、引っ張り込む力があまりに強くて極められてしまう、毎回その展開だった。彼はあのビトー・シャオリン・ヒベイロの腕を折った男としても有名なほど極め力が強い。

ジュカオン、クリスチャーノとの再会は心を和ませてくれた。やはりこの国は私にとってホームなのだ。

主催者発表で4万5207人、会場は超満員の入りである。この時点でＵＦＣ歴代3位の動員数だとか。もしこのクリチバのアリーナ・ダ・バイシャーダがもっと広ければ、歴代1位だったのではないかと思わせるほどの熱気と賑わいである。この舞台で闘える選手は幸せだ。

試合は予定どおり19時15分にはじまった。

実は、生で格闘技の試合を撮影するのは相当久しぶりである。2007年に1年間、総合格闘技イベント「ＨＥＲＯ'Ｓ」を撮っていたが、それ以来だ。その後、日本を撮ろうと決めて山に向かったので、自然と格闘技会場からは足が遠のいた。その間もブラジリアン柔術は続けていたから、格闘技とは関わり続けていたわけだが。

ＵＦＣ１９８――刻まれた爪痕

この夜行われたＵＦＣ全12試合のうち、印象に残った闘いをいくつか挙げてみよう。

《ヘナト・モイカノ・カルネイロ×ズベア・ホゴフ》

入場してきたふたりを、ともに私はこれまで見たことがない。

ロシア人のズベア・ホゴフがかなりのベビーフェイスで、格闘家っぽくない。そのうえサイドキックなども多用してアクションスターのように闘う。試合は、ボクシング、キック、レスリング、サブミッションと、ころころと目まぐるしく展開が変わって、見ていて面白く、飽きない。お互いの動きに対する反応スピードが半端ではなく、格闘家というより身体能力が極限にまで研ぎ澄まされた、たとえばシルク・ドゥ・ソレイユの団員のようだ。ちょっとした曲芸というか、ここまでくればエンターテイメントである。これが現在のＭＭＡ、世界最高峰ＵＦＣの闘いか。第1試合から洗礼を受けた。長らく冬眠状態だった私には良い刺激となった。目覚めたよ。

《ホジェリオ・ノゲイラ×パトリック・カミンズ》

ふたたび〝ノゲイラ〟という名のついた選手の試合を生で見られるとは思っていなかった。ノゲイラ兄弟は何度写真を撮ったか分からない。ほとんどは双子の兄アントニオ・ホドリゴ・ノゲイラ、通称ミノタウロの撮影だった。ただ兄弟ふたりでよく練習をしていたし、撮影時に技の受け手として、兄は弟を指名したので、何度か弟も撮影している。あの頃のホジェリオは、ミノタウロが絶頂期だったこともあり、兄に比べてオーラのない地味な弟といった印象だった。兄は時間にルーズで小さいことにこだわらない男だったが、そこはやはり一流の格闘家、選ばれし者に相応しい、容易に人を寄せつけない特別なオーラをまとっていた。逆境を跳ね返し最後に極めて勝つという試合運びはもちろん、けっして男前とは言えないが味のある顔で、私はノゲイラが大好きだった。

今でも私の中のベストバウトは、２００２年8月、10万人の観客が見つめるなか、国立競技場で行われたノゲイラ×ボブ・サップだ。耐えに耐えたラスト、サップの巨体に見事下から三角締めを極めてみせた瞬間は飛び上がり、隣の知らない人と抱き合って喜んだものだ。我々だけじゃない。その刹那、国立競技場全体がそのムードに包まれた。

ミノタウロを最後に撮ったのは２００６年だが、そのときにはもうファインダー越しに見る彼の右目は明らかにおかしかった。瞳が白濁しはじめていて、もうほとんど見えていないと彼の友人たちは語っていた。「オフレコだけどね。でもミノタウロは闘うのが好きなんだ」とも。肉を斬らせて骨を断つ、そういう試合を繰り返した結果だろう。それでもミノタウロは闘い続けた。比較的早くからスターになったミノタウロだ、お金に困っていたわけがない。友人たちのいう通り、闘うことが本当に好きだったのだろう。

兄とはちがって、リングで闘っているホジェリオはバリバリの現役選手だった。前へ前へと積極的に出ていく。勝ちへの意欲がありありと見てとれる。疲れていない。この試合に、という意味ではない、格闘家としてまだ壊れていないのだろう。双子だから同じ年齢なのに不思議だ。

兄は46試合で引退した。弟はこの試合が29試合目、それが大きいのだろうか。それとも彼の意思が成せる業か。年齢は関係ない、成せるか成せぬかは人の意思が決めるのだという——。

ホジェリオはパンチのラッシュで、パトリック・カミンズを1ラウンド4分52秒、見事ノックアウトした。試合後、オーロラビジョンに、兄アントニオ・ホドリゴ・ノゲイラの姿が映し出され、会場は大きな歓声に包まれた。どうやら私だけではないようだ、みんなノゲイラが大好きなのだ。ミノタウロは現在、UFCブラジルでアスリート・リレーションズアンバサダー（選手発掘大使）という役職に就いて、格闘技と関わり続けている。

《デミアン・マイア×マット・ブラウン》

デミアン・マイアはヒクソン・グレイシーを信奉し、できるだけ相手を傷つけず、また自分も傷つかずに勝つことを信条としている。大学時代はジャーナリズムを専攻し、柔術セレブの愛称で呼ばれる異端児、もしくはアーティストといっていい選手だ。

闘い方は非常にシンプルで、相手をタックルで倒し、ポジションを奪い、打撃を落としながら一本を狙う。まさに柔術家の戦法だ。すべての局面に長じたトータルバランスの良い者が上位にひしめく現代のＭＭＡシーンでは奇異に映るスタイルともいえる。

今回の試合でもそうだった。離れると、徹底してテイクダウン、それしか狙っていない。相手もそれが分かっているはずなのに、確実に倒していく。しかも打撃をもらわないように、セオリーよりも若干遠い位置からタックルにいく。あれでよく倒せるなと心底感心しながら見ていた。3ラウンドとも終始倒してバックを取り、足を4の字にフックする周到さで、背後からパンチを入れながら、最後は確実にマット・ブラウン相手に3ラウンド4分31秒、リアネイキドチョークを極めてみせた。私は柔術家なので、自分のことに置き換えて興味深く見つめていたが、ずっと同じ展開が続くので一般の人には退屈だったかもしれない。

試合後の記者会見にもこだわりを感じた。ジャージやTシャツ姿の選手が多いなか、デミアンはただひとり赤いネクタイを締め、ビシッとしたスーツ姿で登場した。美学があるのだろう。試合同様、彼のダンディズムの一端を見る思いがした。

《ショーグン×コーリー・アンダーソン》

ショーグンを初めて見たのは、2003年5月クリチバで開催された「メッカ・ワールド・バーリトゥード8」だった。その試合でショーグンは自ら倒した相手を容赦なく追いかけ、1ラウンド55秒、リング下に蹴り出してしまった。相手にまったく何もさせない速攻でのTKO勝ちだった。運よくその場面は私の目の前で繰り広げられ、うまく写真に撮れたのでよく覚えている。バーリトゥードのなんたるかを語るによい一枚となった。

100キロ前後もある同体格の相手をリング下に蹴り落とすなんて、相当の実力差がないとできることではない。そんなシーンを見たのは後にも先にもそのときだけである。それほどまでにあの頃のショーグンには、怖さと勢いがあった。当時21歳、若さゆえの、あまりの衝撃と輝きだった。

ちなみにそのときの対戦相手であるアンジェロ・アントニオとは、今回ブラジルに到着したその日に訪れたシュートボクセで再会した。道場に着いた際に行われていた柔術のプライベートレッスンを指導していたのがアンジェロだった。もちろん最初は分からなかった。だが、クラスが終了して雑談していたときに判明したのだ。「バーリトゥードはやったことある?」という私の質問から、「昔ショーグンにリング下に蹴り出されたことがある」というまさかの告白となり、「ええっ⁉　あのときの」と驚いた次第。「俺、そのとき会場にいたよ。目の前で撮ってた！」

当時シュートボクセ所属だったショーグンは今は離れ、対戦相手のアンジェロがシュートボクセで柔術を教えているのだから、なんとも妙な話である。格闘技を続けているとこういう不思議な縁にちょいちょい出くわす。

その後、ショーグンはあれよあれよという間に日本のリングで活躍し、ＵＦＣ世界ライトヘビー級のタイトルも獲得した。間もなく35歳になる、そんなショーグンが目の前にいる。年齢の割に覇気がない。少し老いた気もする。あまりに生き急ぎすぎたのか、それとも普段の節制がなっていないのだろうか。

かろうじてコーリー・アンダーソンに2対1のスプリットデシジョンで勝ったが、どちらの手が挙がってもおかしくはなく、むしろ相手のほうにより勢いがあったとさえ感じた。ショーグンはパンチと蹴りにスピードとキレがなく、全体的に疲れていた印象。体が重く動きが鈍かった。35歳という年齢は老け込むには早すぎる。総合格闘家としてもまだまだ全然闘える年齢のはずだ。もう一度あのときの輝きを見たい。

《クリス・サイボーグ×レスリー・スミス》

クリス・サイボーグを初めて見たのは、２００５年に「ナンバー」の取材で訪れたシュートボクセだった。女性ですごいのが入ったからと紹介されたのだ。その場で写真を撮り、誌面で紹介した。その頃からすでに背も高く肩幅もあって、体は充分出来上がっていたが、表情にはまだあどけなさが見てとれた。当時彼女は、『ブラジリアン バーリトゥード』でも紹介したエヴァンゲリスタ・サイボーグと付き合っていた。刺青だらけの風貌で激しいファイトを展開していたルタリブレの雄、エヴァンゲリスタ・サイボーグがシュートボクセに移籍していたことにも少し驚かされた。クリスとエヴァンゲリスタともに刺青を相当入れており、そういった部分でも感性が近く、気が合ったのだろう。ふたりは後に結婚した。２０１１年に離婚したようだが。あの頃私が追いかけていた選手たちは皆まだ闘っている。30歳のクリスは今がまさに絶頂期だ（ちなみにこの原稿を書いている２０１７年1月11日、「エヴァンゲリスタン・サイボーグ引退」との記事を見つけた）。

クリスはレスリー・スミスを1ラウンド1分21秒、パウンドによるＴＫＯで難なく下した。

初めて彼女の試合を見たが、登場シーンからコール時、そして実際のファイトまで実に魅力のある選手だった。今日はタレント揃いの好カード連発の大会だったが、その中でも一、二のインパクトだったと思う。とにかく見る者を惹きつける。ファインダーを覗いていて涙ぐみそうになったぐらいだ。なぜかは表現しづらいが、とにかく私の心が動いた。そんな選手はそういない。これで16勝1敗。これからどこまで駆け上がっていくのだろうか。

《ホナウド・ジャカレイ×ビクトー・ベウフォート》

ともに過去に写真を撮ったことがあり、自分としては今日いちばんの好カードだ。写真家目線で見ても、ともに華があり、実力、実績ともに申し分のないふたりによる対戦。裏メインだろう。

おそらく最初にホナウド・ジャカレイを見たのは、２００３年5月にブラジル、サンパウロで行われた第３回アブダビコンバット大会（ＡＤＣＣ）だったと思う。しかし、そのときの印象はほとんど私の中にない。なにせ、まだまるで無名だったマルセロ・ガッシアが準決勝でビトー・シャオリン・ヒベイロをバックからのチョークスリーパーで絞め落として一本勝ちし、その勢いのまま優勝して、華々しくデビューした大会でもあったし、また「ＭＭＡで勝ちたいのなら、今すぐ衣《ギ》を焼き捨てろ」の発言で有名な、エディ・ブラボーがホイラー・グレイシーから三角絞めで一本勝ちをした大会でもあった。

役者が揃いすぎていて、その時点ではまだジャカレイの出る幕はなかった。

その後、２００５年のムンジアル（ブラジリアン柔術世界選手権）の無差別級決勝（対ホジャー・グレイシー）をリオ・デ・ジャネイロのチジューカ・テニス・クルービで観戦し、一気にジャカレイのファンになった（２００７年よりブラジリアン柔術世界選手権は米国カリフォルニア州ロングビーチで行われるようになった）。

ムンジアルの最終日、黒帯各階級の決勝戦が軽量級からはじまった。プルーマ級（64キロ以下）ではビビアーノ・フェルナンデス、ペナ級（70キロ以下）ではフレジソン・パイシャオンと、ジャカレイと同じマナウス勢が活躍し見事優勝を果たした。その後も階級別にチャンピオンは決まっていき、階級が重くなるにつれ、会場に人が集まってくる。メイオペサード級（88・3キロ以下）ではホナウド・ジャカレイが、そしてスペルペサード級（100・5キロ以下）ではホジャー・グレイシーが順当に優勝した。階級別をともに制したふたりによる文字通り今大会最強の柔術家を決める無差別級決勝を前にして、会場のボルテージは最高潮に達していた。

会場入口の向かって左手には、ホジャーを応援する人々が陣取り、右手にはジャカレイを応援する一団が集まっていた。ホジャー側にはヒクソン・グレイシーやキーラ・グレイシーなど、グレイシー一族をはじめとする錚々《そうそう》たる顔ぶれが見てとれた。かたやジャカレイ陣営は、褐色の肌をした、お世辞にもお行儀がよいとはいえそうにない面々が太鼓やラッパ、ビリンバウなどを携えて陣取る。少し乱暴な言い方をすれば、白対黒、金持ち対貧乏人、グレイシーファミリー対そうでない者たちの構図だ。

柔術家同士の闘いでこんな風になるのか。まるで柔術対ルタリブレではないか。

ふたりは昨年もこの場所で、ムンジアル無差別級決勝を闘っている。結果はジャカレイが、ホジャーに腕ひしぎ十字固めで肘を脱臼させられながらもタップせずにポイントで勝利していた。終盤組手を避けてポイントで逃げ切ったジャカレイ、それゆえホジャーはこの結果をレフェリーのミスジャッジと主張していた。

そういう因縁のある両者による一年後の再戦、盛り上がるなというほうが無理である。ジャカレイ側の観客はサッカーのサポーターと変わらない。ある部分では柔術がサッカーと同じぐらい人気があるともいえるし、またブラジル人はなんでも楽しんでしまう国民性だとも言える。日本ではありえない。柔術は「Do Sports」、やるものであって見るものではないという表現をよく耳にする。実際私も常々そう言っている。つまり見るとつまらないということだ。事実寝技だけでごろごろとやっている光景は、やっていない人にはその面白さがまるで伝わらないと思う。それなのにブラジルではどうだ？　こんなに盛り上がっているではないか。

ブラジル人の気質が関係しているとはいえ、考えられる要素はふたつ。

前田光世《まえだみつよ》がカーロス・グレイシーに柔術を教えたのは20世紀の初め、今から100年以上前のことだ。歴史があるぶん競技人口も多い。ゆえに必然的に見る人も増える。この場合の見る人とは、その多くが自身も柔術をやっている人たちである。よって会場に集まる、という構図となる。

次に役者が揃っている。黒帯各階級にそれぞれチャンピオンがいて、そのうちの何人かは黒帯の中の黒帯。キング・オブ・キングスとも言うべきスーパーな存在。黒帯というのはそれより上の帯がないので、同じ黒帯を巻いていても、ときに天井知らずのような存在が現れる。日本にはそういう存在の柔術家がまだいない。いたとしても数えるほどだ。客を呼べる存在、時間を作ってわざわざ足を運んでまでも見たいと思わせてくれる存在。動きがしなやかで、アグレッシブでかつテクニシャン。おまけに一本の取れる男。競技人口が多くて歴史のあるブラジルにはそんな男たちが存在する。ホナウド・ジャカレイとホジャー・グレイシーもそんな格闘家だ。

絶対に相手の土俵では闘わない、そこは譲らないという意地と意地のぶつかり合いがすごく、なかなかお互い引き込まず、スタンドでの攻防に終始していた記憶がある。場外際か何かのきわどい判定でジャカレイがテイクダウンのポイントを奪い、勝ち名乗りを受けた。その直後、ジャカレイが柵を越えて観客席にダイブ。ジャカレイは、そのまま多くの人々に持ち上げられて胴上げのウェーブがはじまった。最初から最後までなにもかもが映画のようだった。写真を続けていると、時折そのような場面に出くわす。まるで、巧妙に練られた台本と緻密なカット割りが存在するかのような劇的な展開。事実は小説よりも奇なり。現実が映画を超えた瞬間だ。

私の発するストロボの閃光が瞬くたびに、その場の熱がどんどん上がっていく。

写真家冥利に尽きる瞬間である。このライブ感がたまらない。そうやって続けてきた。


あれから11年の時を経て、目の前には恒例のジャカレイ（ワニの意）ムーブでオクタゴンに入ったジャカレイと、１９９７年に開催されたＵＦＣ12大会から出場している元ＵＦＣライトヘビー級チャンピオン、ビクトー・ベウフォートが対峙している。ゴングが鳴った。パンチをふるって間合いを詰めたジャカレイがビクトーを金網まで押し寄せ、脇の差し合いから最後は足へのタックルで倒す。なんとかしのいだビクトー。２ラウンドも似たような展開になり、やはりテイクダウンで主導権を握ったジャカレイが終始上から打撃を振り下ろし、肘でビクトーの瞼をカット、最終的にはマウントを奪取して、そのまま殴り続けＴＫＯで勝利した。

双方、ボクシング（打撃）、レスリング、ポジショニング（柔術）とあらゆる局面に長けたトータルファイターだが、若干レスリングとポジショニングにおいてジャカレイのほうが優っており、これは体力によるものかもしれないが、その僅かな差が結果に出た。いや、5年連続でムンジアルを制したグラップラーとしてのジャカレイの資質が上回った形か。

ジャカレイが意図的に肘でカットを狙っていたのも印象に残った。エグいと思ったが、それほどまでに勝ちにこだわる姿勢にプロ魂を見た。ジャカレイは試合後の記者会見でビクトーのことを「MMAにおける伝説的存在。自分がまだ何者でもない頃から、闘っている姿をずっと見てきた。そんなビクトーと闘えて光栄だった」と称えていた。けっしてリップサービスなどではないだろう。その表情からも、言葉に嘘はなかったように思う。

《ファブリシオ・ヴェウドゥム×スティーペ・ミオシッチ》

大声援の中、アイルトン・セナのフラッグを掲げたセコンドとともに、ヴェウドゥムはもみくちゃにされながら入場してきた。ヴェウドゥムを撮るのは、2003年5月サンパウロで開催されたアブダビコンバット・ブラジル大会以来だ。あのときヴェウドゥムは99キロ以上級で準優勝、無差別級で3位だった。あれから13年、ヴェウドゥムは技術を磨き続けた。当初は寝技だけだったものの、シュートボクセ、キングスMMAと渡り歩き、ハファエル・コルデイロに師事して打撃に磨きをかけ、ヒョードルに勝ち、ノゲイラに勝ち、2015年6月にはついにUFC188においてヘビー級タイトルを獲得した。

その初防衛戦が今日だった。相手はスティーペ・ミルシッチ、クロアチア系アメリカ人だ。ベースはレスリングとボクシング。普段は消防士として働いているのだとか。この舞台に上がってくるヤツらは本当に魅力的かつ個性的だ。試合は1ラウンド2分47秒、下がりながらの右フック一閃でスティーペ・ミオシッチがKO勝ちした。地元開催の影響もあってか、ヴェウドゥムは勝負を焦っていたような気がする。もうちょっとじっくりいってもよかった。タイトルマッチゆえに5ラウンドもあるのだから、と感じた。

「まずはファンのみんなにありがとうと言いたい。そのおかげで今日のこの場がある。ヴェウドゥムはタフだったが、トレーニングをハードにやったんだ。タイトルは俺のものじゃない。支えてくれた皆のものだ。クリーブランド、俺は世界チャンピオンになったぞ！」

故郷の街の名を出すとは泣かせる。地元フィラデルフィアから世界チャンピオンになったロッキー・バルボアのようだ。その姿に重ねてしまった。

「今日は相手のほうが強かった。でも、ここからカムバックしてチャンピオンに返り咲いてみせる」とはヴェウドムの弁。彼も全然諦めてはいない。

深夜3時に幕となった熱狂の夜

この日、試合が終わったのは日付けが変わった午前1時15分で、記者会見は2時15分からはじまった。すべてのスケジュールが終了したのはなんと夜中の3時。日本ではありえないことだ。これもまたブラジルらしい。

ブラジルでは通常、レストランが混みだすのは21時頃からで、みんなゆっくりと時間をかけて食事をする。映画などを観にいく場合は、その後、23時や24時からになるのが一般的だ。日本に比べて、全体的に2～3時間は時計が遅い。

記者会見後、ＵＦＣアンバサダーとしてミノタウロが記者たちの囲み取材を受けていた。写真を撮ろうと近づいていくと、テレビカメラの前でインタビューを受けている最中にもかかわらず、私に向かって拳を突き出してきた。嬉しかったね。ミノタウロよ、おまえも覚えてくれていたかと。

長い一日だった。最初から最後まで、私にとっては懐かしくもご機嫌なクリチバ取材だった。

さて、明日も早い。サンパウロへ移動し、その後はリオ・デ・ジャネイロだ。

今度は小さい《ペケーニョ》ノゲイラに会いにいく。

FERNANDO

JIU-JITSU

orldSize

Worldsize
NUTRITIONAL

KORAL
KORAL.COM
RAGS

REMOÇÕES &
ATENDIMENTO
MÉDICO
DOMICILIAR

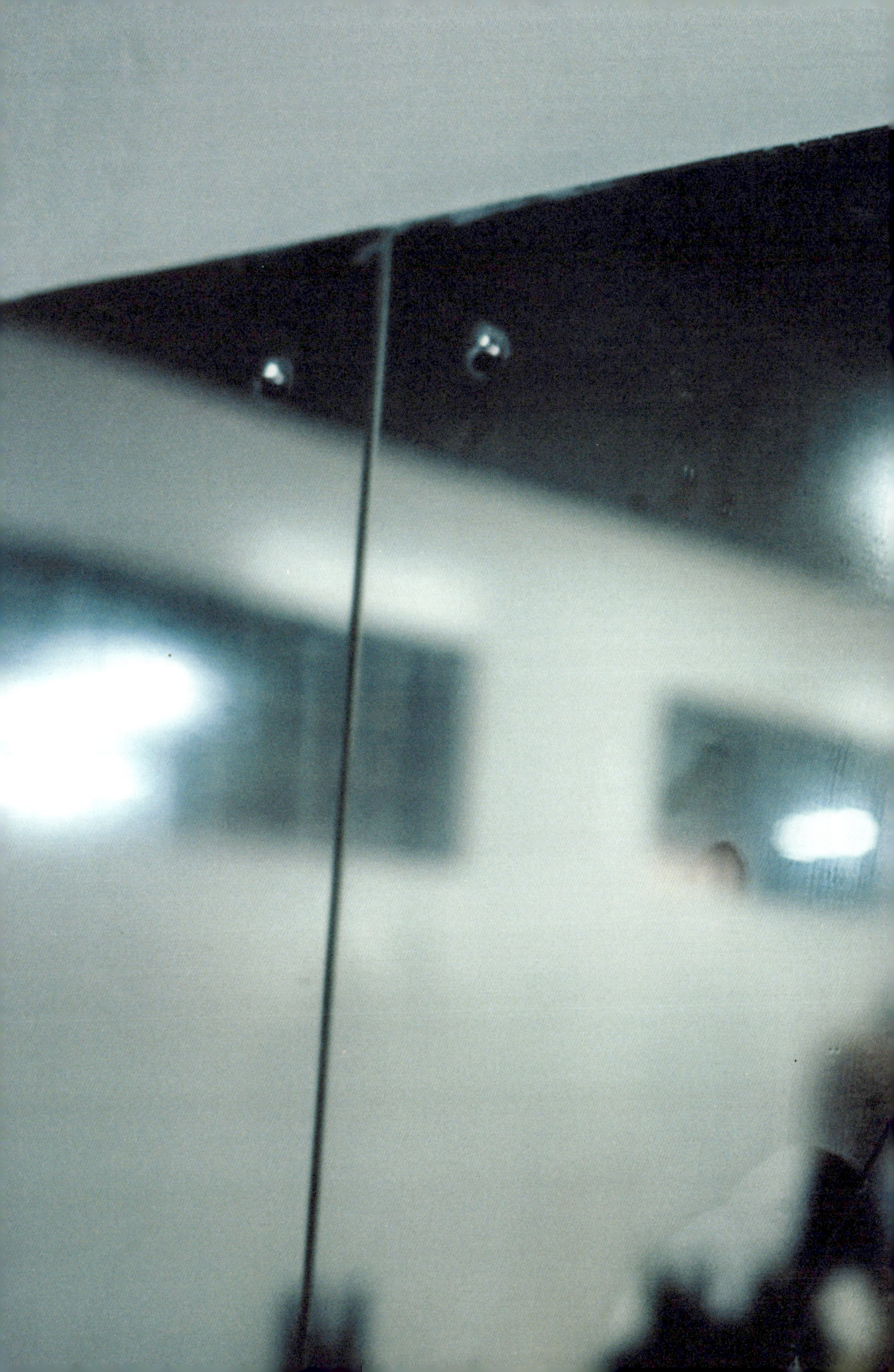

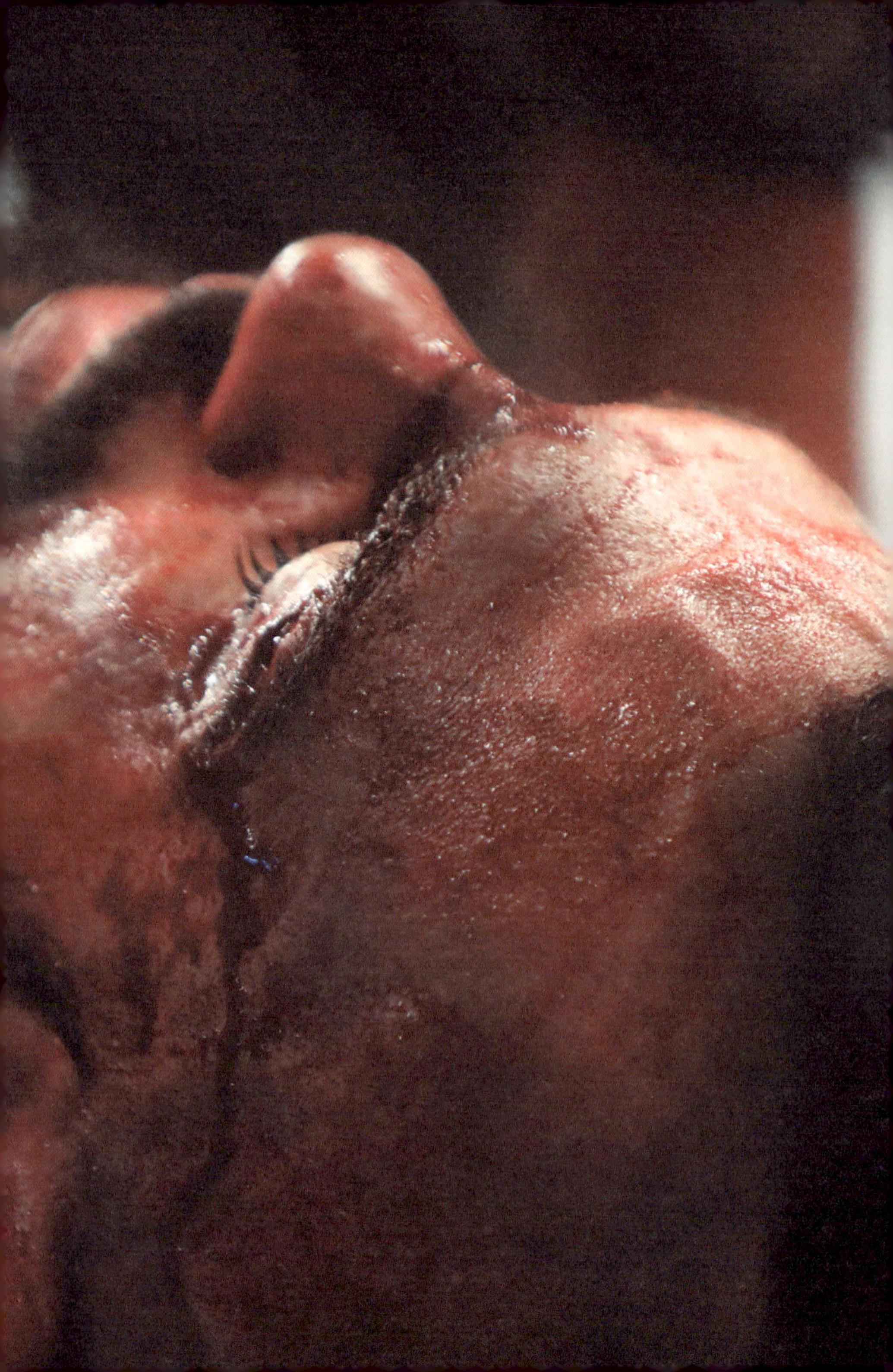

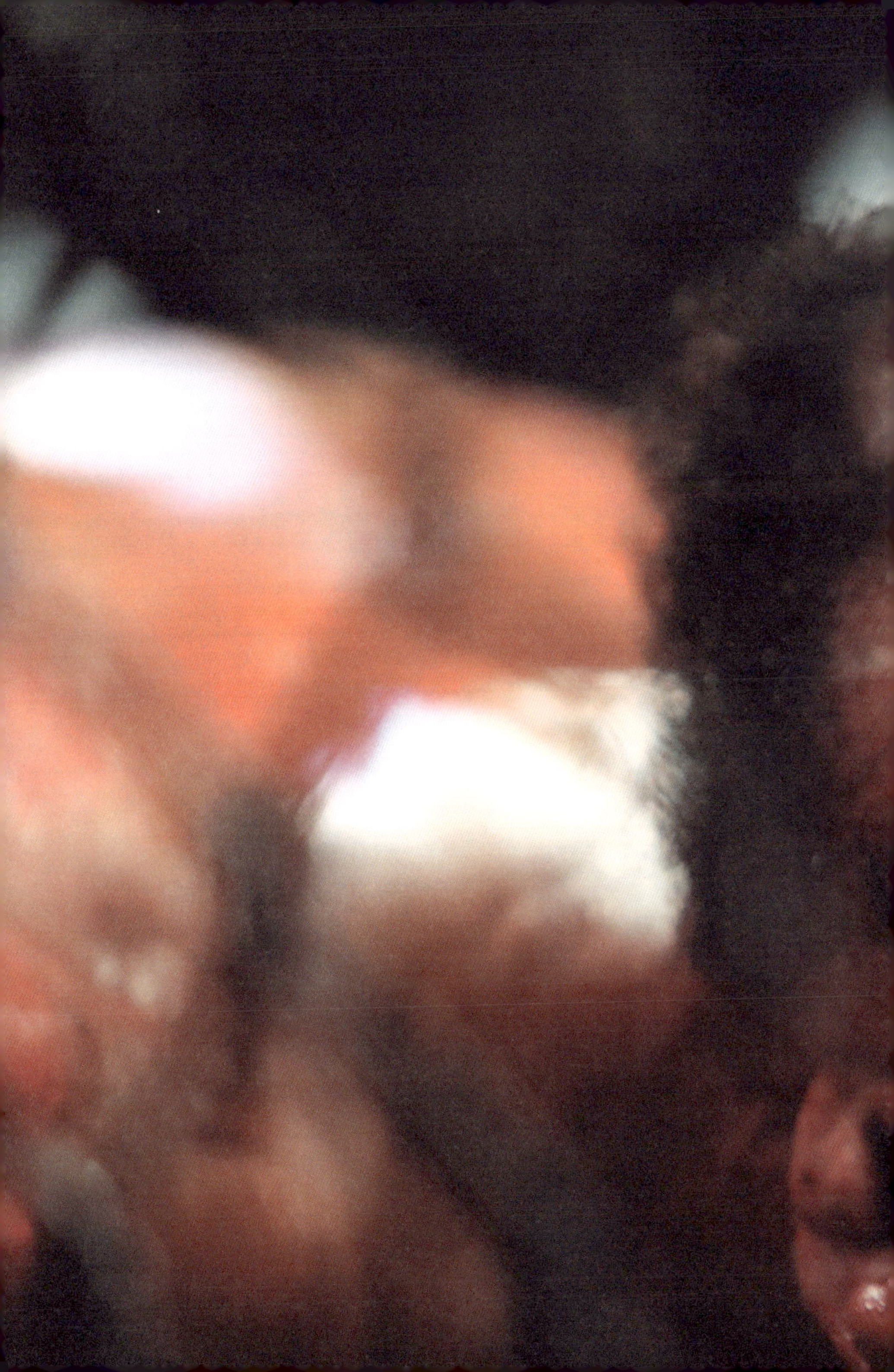

UFC

Reebok

UFC
COMBATE
Budweiser
GLOBO
14 MAI SÁB
JACARÉ
BELFORT
UFC 198
WERDUM
MIOCIC
Reebok
MIOCIC

UFC 198
WERDUM x MIOCIC
CINTURÃO PESO PESADO
14 MAIO SÁBADO
INGRESSOS ESGOTADOS
CLUBE ATLÉTICO
UFC
COMBATE
Reebok
Budweiser
GLOBO

VS
FABER 3
JUNE 4
SATURDAY
LOS ANGELES

14 MAI SÁB
GLOBO
UFC
Reebok
198

UFC
Reebok
UFC
SMITH
Reebok

UFC
RUA

UFC
UFC

MMA Team

II

ペケーニョとルタリブレ

リオ・デ・ジャネイロ

Rio de Janeiro

運命の男〝ペケーニョ〟ノゲイラ

アレッシャンドリ・フランカ・ノゲイラ。

修斗の第4代ライト級世界チャンピオン、通称〝ペケーニョ〟。

ポルトガル語で小さいという意味である。

しかし、格闘家としての強さ、一個人としてのハートの温かさは、まさに〝グランデ〟というに相応しい男だ。

ブラジルにおいて、彼ほど私に刺激的な影響を多大にあたえてくれた男は他にいない。


ノゲイラは90年代の終わりから2000年代半ばにかけて、ギロチンチョークという絶対的な技で何人ものファイターに土をつけてきた。ときに負けることもあった。けっして器用なタイプではない。

しかし、ここぞというところで確実に極めるその技には圧倒的なまでの説得力があった。

それでいてひとたびリングを下りれば、人懐っこい性格に少年のような愛嬌のある笑顔。

魅了された者は私ひとりではないはずだ。

だが皮肉なもので、そのギロチンチョーク一本槍の彼のファイトスタイルは、その後、MMAの技術革新の趨勢とともに徐々に後退していった。

現在、MMAのレベルは信じられないほど飛躍的に上がった。

私が初めて訪れた2001年のブラジルは、いわばMMAという大樹が葉を広げる前の萌芽状態で、MMAという言葉自体が存在しておらず、〝バーリトゥード〟と呼ぶのが一般的だった。

マルセロ・アロンソによれば、2005年頃を目処にMMAという呼び名が定着したようである。

そんな時代、各アカデミーにはそれぞれの顔（特色）があり、勝つべきスタイルの構築を目指して、いずこも試行錯誤を繰り返していた。間もなく訪れる格闘技ビッグバンともいうべき時代の胎動を、私はブラジルで強く感じていた。

当時の私は、取材して写真に収めることよりも、まずはガチで体と体をぶつけ合うことに重きを置いていた節がある。肉体のコミュニケーションから発生する強烈な磁場ともいうべき熱に、写真という枠だけに収まらない何かを期するところがあった。そんなことを盲目的に信じていた。写真は後からついてくるものだと。

そのためには、取材対象者も自分と同じぐらいの体格の者がよかった。

相手が100キロオーバーの男では本気でやり合えない。よっぽど嫌な奴でもなければ、やはり多少なりとも手を抜いてくれることになってしまう。

お互いが気兼ねなくぶつかり合える相手、それが理想だった。

ノゲイラは通常体重が68キロ程度。おまけに世界チャンピオンときている。

私にとって彼以上の取材相手はいなかった。しかもベースがルタリブレ。すでに柔術の情報はたくさんあったが、ルタの具体的な情報や写真はほとんどなかった。

ノゲイラとは、多いときには1日に2回も3回もスパーリングをしたから、滞在した都合3カ月間で100回ぐらいはやったと思う。でもただの一度も勝ったことはない。常にやられ続け、頭を割られて縫ったこともあれば、右手中指が第2関節から横に90度曲がったこともある。毎日同じものを食って、同じ家で寝た。一緒にさまざまな道場を訪問した。

2001年は世界的に見ても激動の年だった。

生涯初めてのブラジル行きは、その年の3月のことだった。

1月にジョージ・ブッシュがアメリカ大統領に就任し、日本では4月に小泉純一郎首相が誕生した。二度目に訪れたのは9月の終わり。9・11同時多発テロからわずか2週間後のことで、成田空港は閑散としており、なんとなく心細かったのを覚えている。ブラジルに入る前にトランジットで訪れたアメリカの空港は混乱の只中で、入国審査が厳しくとにかく時間がかかった。

世界中が呆然としていたあの時期、地球の裏側ブラジルは、実際の距離よりもさらに遠くに感じられた。正直日本を離れたくないという思いもあった。籍を入れたばかりの妻のお腹には娘もいた。

さまざまな思いを抱えて、いま一度ブラジルの地に降り立ったそんな私を、ノゲイラは2カ月間自宅に泊めてくれた。感謝しかない。その彼に、２０１６年の私はふたたび会いにいく――。

＊

ルタリブレ最強の男

彼とは親しくなりすぎて何から書いていいのか分からない。

とりあえずデータ的なことから書いてみようか。

１９７８年生まれ、リオ・デ・ジャネイロ在住の24歳。身長は公称１７０センチ、実勢１６５センチ。平時の体重は68キロ、試合時65キロ。こんなに小柄ながらも、実質ルタリブレ最強の男である。

最初にブラジルを訪れた理由は彼を取材するためだった。単純に、個人的に興味があったのだ。

ノゲイラの魅力はなんといっても、その体格で自分よりデカい奴をも圧倒するところである。

そして彼には、必殺技フロントチョークがある。

ブラジルではギロチーナ、またはギロチンチョークと呼ばれている。

レベルの高いバーリトゥード全盛の現代、常に一本勝ちを狙えるというのは脅威的なことだ。しかも同じ技で。ノゲイラの勝ち試合のほとんどはこのギロチンチョークが決まり手になっている。ここに私はロマンを感じる。最後に敵を倒す絶対的な必殺技があるなんて、まるで漫画やアニメのヒーローみたいじゃないか。しかもそれを筋書きのないガチンコの試合で決めるのだ。

2カ月間、彼の家に居候していたから生活習慣や練習環境など、だいたいのことが把握できた。もちろん彼のパーソナリティも。いちばん良かったのは、彼を通じて格闘技だけでなくブラジル人とブラジルという国を体で実感できたことだ。

私はポルトガル語はしゃべれない。だが、時間はたっぷりある。結果的には、身ぶり手ぶりでまあ何とかなったが、それでも英語すら通じないのは楽ではなかった。３月に初めてノゲイラに会ったときのことを考えれば、10月に再会したときは、彼もずいぶんしゃべれるようになっていたけれど。

最初はほんとにハローとかサンキューくらいしか会話ができなかった。今では私とも英語でかなりの意思疎通ができる。とはいっても、やはり英語とポルトガル語の辞書は欠かせない。彼が電子ポータブル翻訳機をもち歩いていたから助かった。

関西人も真っ青な荒い運転

当時ノゲイラの交通手段はバイクだった。

ブラジル、とりわけリオ・デ・ジャネイロでの人々の足はもっぱら車かバイクだ。

公共の足ならバス。市内には地下鉄が通ってはいるが、それも一本しかない。

交通ルールはかろうじてあるが、マナーはないに等しい。

日本だと通行人が道路を横断しようとしていれば、ドライバーは止まるか、少なくとも減速はする。轢いてしまえばドライバーの過失が問われるからだ。しかしブラジルはちがう。止まりもしなければ減速もしない。

だから、自分の命は自分で守るしかない。

交通渋滞もひどいし、運転も荒い。割り込み、車線変更、信号無視、速度オーバーなどは日常茶飯事。私も日本では運転は荒いほうだがそれ以上だ。関西人も真っ青みたいな。バスの運ちゃんも飛ばす。だから当然交通事故も多い。格闘家でも事故にあっている奴がけっこういる。

もちろんノゲイラもご多分にもれず運転が荒い。

最初彼の後ろに乗ったときは怖くてしかたがなかった。

飛ばすわ、狭いところはすり抜けていくわ、メットはスカスカだわで。一応ヘルメットは貸してくれたのだが、中のスポンジがなく、かぶってもまったくフィット感のないシロモノだった。

「こんなん意味ないやん、形たけで。ああ、事故にあったら間違いなく死ぬんだろうな」

もう、あとはノゲイラに身をまかせるしかない、まな板の上の鯉だ。

でも、慣れというのはたいしたもので、たとえどんな状態でも、ある程度経てばそれが当たり前になってしまう。私も途中からはすっかり平気になっていた。

リオの住まい

ノゲイラの自宅は、リオ・デ・ジャネイロの中心地セントロと、サッカー競技場として有名なマラカナン・スタジアムの中間地点くらいの場所にあった。ひとり暮らし。

近くにはリオからブラジル国内あらゆる方面に向けて出発している長距離バスのターミナル〝ホドビアーリャ〟がある。治安はあまりよくなく、観光目的でリオを訪れている人たちの姿はほとんど見かけない。というか、そういう人たちはうろつかないほうがいい地区だ。

私が最初にブラジルを訪れたときには、ノゲイラは観光スポットとして有名なポン・ジ・アスーカル近くのウルカ地区にあるアパートメントで、家族と一緒に暮らしていた。パパとママと弟の4人家族だ。その当時、パパはレストランのウェイター、ママは専業主婦だった。弟はハイスクールに通っていた。

しかし2001年の夏、彼の家族はパパの故郷ミナスジェライス州の片田舎に帰っていった。パパの仕事がなくなったからだ。ミナスジェライスには家もあるし、リオに比べると物価が格段に安い。

プロ格闘家として日々の練習があるノゲイラは、単身リオに残った。ミナスジェライスには、柔術やルタリブレのアカデミーはないようだ。

なにより、リオでの彼の練習環境はかなり恵まれている。だから簡単に引っ越すことはできないのだろう。

アパートメントは快適だ。広くてきれいな1LDK。

たしか家賃は450レアルと言っていた。1レアルは当時0・5ドル前後だから、単純計算で225ドル。広い1LDKが日本円にして2万5000円から3万円、東京都心では考えられない値段だ。当然、田舎の州に行くともっと安くなる。

私は彼のリビングルームにあるソファで寝起きしていた。ベッドに変形できるタイプのソファだったのでとても快適だった。私が日本で普段使ってるものよりずっと広くて大きい。

朝練——岩山登りとビーチでの懸垂

ノゲイラの一日の練習スケジュールは、だいたい次のような具合だ。

朝はいつも10時過ぎに起きだす。

朝食は口にせず、11時ごろ家を出てトレーニングへ。朝練のパターンは3種類あって、ブラジリアン・トップチームに行くか、マーシオ・クロマドがやっているルタリブレのアカデミーに行くか、ランニング中心の自主トレをするかだ。特別、曜日が決まっているわけではなく、そのときの体調や気分しだいらしい。

ブラジリアン・トップチームには平均して週2回くらい顔を出している。試合が終わった直後は週1回だが、試合が近づくにつれて2回、3回と増えていく。クロマドのアカデミーもそんな感じで、週2回ほどだ。

三つ目の自主トレはじつにユニークで、ポン・ジ・アスーカルを使って行われる。

観光名所としても有名なとても大きな岩山だ。ふたつの巨岩から成り立っており、そのうちひとつは歩いて登ることができる。といっても足場は悪いし、岩肌はかなり急峻なので、観光客は通常ケーブルカーで登るのだ。

ノゲイラはそこをランニングしながら登っていく。

距離はそれほどないが、とにかく自然の岩山なので安定したステップは刻めない。だから非常によいトレーニングになる。バランス感覚や足腰、心肺機能、それらが同時に養えるのだ。それに彼は、ただ漫然と走るのではなく、ストップウォッチを使ってダッシュとジョグを繰り返す。試合時間を意識して、5分間ダッシュしたら1分間歩いて登るといった具合だ。自然を利用したこうしたトレーニングを見ていると、いかにもブラジルという感じがする。

ポン・ジ・アスーカルでのランニングを終えた後はビーチまで降りて、懸垂をする。

リオの人々は体を鍛えるのが好きなのか、どのビーチにも鉄棒や腹筋台が設置されている。多いところでは

200～300メートルおきに散見するほどだ。

ブラジル国内、とりわけリオは年がら年中暑いので、人々は男も女もみな、Tシャツやタンクトップに短パンといった肌の露出が多い服装をしている。だから人に見られるという意識が高くなり、体を鍛えるのが習慣になるのだろう。太った人はブラジルではあまり見かけない。

ビーチに行くと、格闘家やプロスポーツ選手でもなかろうに、やたらとすごい体をした人が走ったり懸垂したりしている。「おまえはいったい何者やねん！」と言いたくなるほどに。

懸垂といっても、ノゲイラはそれほど回数をこなすわけではない。ゆっくりやって10回いかないくらいだ。だからといって力が弱いかといえば、けっしてそうではない。

彼とじかにスパーリングをした私がいちばんよく知っている。

それは自分よりデカい奴とガンガン、スパーリングしている事実からも分かる。ときには100キロくらいの相手を圧倒する力がある。もちろんスピードや技術も一流なのだが、力でも負けていない。

単純に腕力がどうとか脚力がどうとか、そういうことではなく、体全体の力、体幹が強いのだ、おそらく。

ウェイト・トレーニングを一切しないから、決まった動き（パターン）の筋肉の鍛え方にならない、という面もあるだろう。彼のトレーニングはもっぱらスパーリング中心だ。実践派なのだ（これには賛否両論あるだろうが）。したがって、筋肉は全方位に向けて鍛えられる。彼はよく誇らしげな顔で私に言っていた。「ボクの筋肉はナチュラルなんだ」と。

高タンパクなブラジル料理

遅い朝のトレーニングを終えた後、ようやくその日初めての食事だ。だいたい午後2時か3時になる。トップチームに行った場合は4時近くになることもあって、これにはまいった。

ノゲイラは体のリズムが出来上がっているからいいが、私はそうではない。腹が減ってしかたがなかった。

昼食の場所は決まっている。〝NUTRI MATE〟というチャイニーズ・レストランだ。ノゲイラのスポンサーになっている店だから、彼は毎日、腹いっぱい無料で食べられる。こういうシステムは日本ではあまりない。日本の格闘家は本当にたいへんだ。せめて飯だけでもタダで腹いっぱい食えれば相当助かるのに。

ブラジルのレストランのシステムはだいたいどこも同じで、セルフサービス形式だ。いろんな料理が一堂に置いてあって、客は自分の好きな料理を皿に取り、レジで重さを計ってグラムいくらの料金を払う。皿一枚いっぱいに料理を盛って10～12レアル。約６００～７００円。それで、日本でよく食べるといわれる成人男性が満腹になってしまう。

ブラジル料理はうまい。アメリカやイギリスとちがって、きちんとした食文化がある。ただし、日本人には少しヘビー（油っこくてボリュームがある）かもしれない。

食材も豊富だ。野菜、フルーツ、魚、豆、米、パンと、なんでもある。肉料理はとくに多く、牛、豚、鳥とボリューム豊かに揃っている。ブラジル人は米もよく食べる。ただし日本の米とは異なり、粘り気がなくパサパサしている。タイ米などに近い。

ブラジル料理の代表はフェイジョンと呼ばれる豆の煮込みだ。ライスの上に汁ごとかけて食べる。味は全然ちがうけれど、見た目は日本のカレーライスにも似ている。我々がごはんの上に納豆をかけて食べるのと同じ感覚なのだろう。それと一緒に肉や野菜を食べる。フェイジョンをかけたライスの横に、シュハスコ（グリルした肉塊を食べやすく削ぎ切ったもの）や魚のフライ、サラダなどを盛りつけるのだ。

ちなみに、ブラジル人に言わせれば、日本のあんこみたいに豆が甘いのは信じられないとのこと。豆は主食として存在するのであって、デザートとして扱われるのは許せないようだ。

とにかく肉と豆をよく食べるので、普段の食事からブラジル人はタンパク質をよく摂っている。それがブラジル人と日本人ファイターの体の差にもつながっているのだろう。

肉の厚みや骨格がもう全然ちがうのだ。

40歳まで現役を続けるために

ノゲイラも試合前でなければ、それはそれはよく食べる。肉から魚から野菜から、何でもだ。でも考えてみれば、たしかに量は多いけれど、バランスは非常によい。好き嫌いもない。

それに彼は朝から何も食べずに練習しているので、トレーニング中に体の脂肪が燃焼されている。というのも、腹の中に何も残っていないと、体は自分の中に蓄積されている脂肪をエネルギーに換えて動こうとするからだ。脂肪が燃焼するから太りにくく、痩せられる（ボクサーがロードワークで朝走るのも同じ理由からだ）。

口にするものにもすごく気をつかっている。そりゃそうだ。彼は40歳まで現役で闘い続けるつもりでいるのだから。普段から甘いものは口にしないし、コーラなども当然飲まない。コーヒーさえも。飲むのは基本的に水か天然果汁のジュースのどちらかだ。タバコも吸わないし酒も飲まない。酒は飲まないというより、飲めない。

しかしクラブには行く。ただし踊らない。いや、踊れないのだ。恥ずかしがり屋なのもあるし、リズム感もあまりよろしくない。飲まない、踊らないでクラブに行っておもしろいのだろうか？　でも、つき合いでガールフレンドと行ったりしている。

晩御飯は遅い。22時か23時頃に食べる。遅いときは0時だ。

これにはリオの生活スタイルが影響している。リオの夜は長く、22時を過ぎないと街も活気を帯びてこない。19時、20時にレストランに入っても、客はほとんどいない。23時や0時ごろに映画館が人でいっぱいなのだ。

夜中0時過ぎにピザ10切れ

そんな彼にも唯一の弱点というか、楽しみがある。

それは試合が終わってから、次の試合が決まるまでの間に食うピザだ（スパゲッティも多い。イタリアン好きなのだ。彼のママが作るスパゲッティがうまいからだろう）。

最初は驚いた。真夜中にピザを食うなんて。しかも、これがまたすごい量なのだ。ブラジルのピザは一切れが大きい（ピザ生地にバナナの身がのった「バナナピザ」というのがある。いかにもブラジルらしい。ノゲイラはこれが大好きだ。私も最初は戸惑ったけれど、慣れてくると意外とイケる。デザート感覚でおいしい。ただしノゲイラみたいに、それにケチャップをいっぱいかけて食べるっていうのはどうかと思うけど）。

日本の宅配ピザのLサイズより厚くて大きいそれを10切れも食うのだ、真夜中に。それは、いくらなんでも食い過ぎだろう。私は最初、（こいつはいつもこんな感じなのかな。こんなんで大丈夫なのかな？）と心配していた。およそプロ格闘家にあるまじき態度に思えたからだ。しかも二日連続という夜もあった。

しかし、私の心配は杞憂に終わった。

彼はある時期からまったくピザを食わなくなった。夜中だけではなく、昼間でさえも。次の試合が決まったからだ。今までは毎回腹いっぱい食べていたのが八分目くらいになった。彼は基本的には減量はほとんどしなくてもいい（平時の体脂肪率は15％前後）。せいぜい3キロ落とすくらいだ。この時期から注意しだせば、練習して十分に食べながら無理なく絞れる。

今思うと、私が彼の家に転がり込んだのは試合が終わってすぐの時期だった。それであんなにピザを食っていたのだろう。時期がくればきちんと帳尻を合わせてくるプロ意識の高い奴なのだ。

ボクシングを習った50代の友人

遅い昼食の後は、夜のトレーニングまで休憩時間だ。スポンサーの〝NUTRI MATE〟でフルーツジュースやアサイーを飲みながら店員としゃべって過ごすか、友人であるパブロのもとへ行くことが多い。

パブロは自動車修理工場を営んでいる50過ぎの元ボクサーで、かつてノゲイラにボクシングを教えていた。ふたりは本当に仲がいい。修理工場の壁には、今までにノゲイラが載った新聞や雑誌の記事の切り抜きが数多く貼ってあった。

こういう関係は日本では珍しい。歳が離れていると通常は先輩後輩か、上司部下という関係になってしまうからだ。おそらく敬語のシステムが影響しているのだろう。英語やポルトガル語をはじめ世界の他の言語には、あまり敬語という概念はない。だから早い話、タメロでオーケーなのだ。

こうした人間関係はうらやましくもある。日本語のコミュニケーションには礼儀正しさや謙虚さ、丁寧で親切なトーンなど良い面もあるけれど、日本の未来を考えたとき、少年も青年も老人も、男女を問わず友人になりえるコミニュケーション社会のほうが、好ましいのではないだろうか。そのほうがおおらかで豊かな気がする。

トニコ〝金持ち〟ジュニオール

ワールドファイトセンターは、ノゲイラの親友で打撃のコーチでもあるトニコ・ジュニオールがオーナーだ。リオの隣、ニテロイ市にある。ニテロイ市は海を挟んだリオの対岸で、両市は海の上を横断する橋でつながっている（この橋がまたエラく長い。バイクで時速100キロ近くで走っても約10分かかる）。

トニコはもともとムエタイのファイターで（その前はアカデミア・ブドーカンでルタリブレを習っていた）、ノゲイラとともに修斗のリングに上がっている。またトレーナーとして、自らワールドファイトセンターでムエタイを教えてもいる。

ワールドファイトセンターは高級住宅地にあるショッピングセンターの屋上部分を改造してつくられている。リングまであって、広く快適な空間だ。トニコいわく、日本円にして約1000万円ほどかかったそうだ。

トニコの親はともに裁判官というエリートで、はっきりいって金持ちだ。私は彼の家にも4日ほど泊まったが、とにかくデカい家だった。ただ不思議なことに、そんなトニコのパパ、ママでも英語がしゃべれない。ここらあたりが、いかにブラジルでは英語が通じないかの証でもある。

ノゲイラは彼と出会ったことでチャンスが広がったといえるかもしれない。それはトニコにも言えることだ。

エウジェニオ・タデウ・アカデミーからの卒業

ノゲイラは12歳のときに、エウジェニオ・タデウのアカデミーでルタリブレをはじめた。

そこでトニコと知り会った。１９９２、3年のことらしい。

その後、タデウはヘンゾ・グレイシーとバーリトゥードで闘うことになり、トニコは、タデウの打撃スパーリング・パートナーを務めていた。月謝を払いながら毎回ボコボコにされて帰ってくる日々だったらしい。

トニコいわく、「タデウはとにかくクレイジーな奴（これにはみんなが賛同している）だったから、技なんか何も教えてくれなかった。とにかくファイト、ファイト！　殴れ！　蹴れ！」だったとのこと。昔のルタといったらそんな感じだったのだろう。腕自慢、ケンカ自慢みたいな、そんな連中の集まり。すごい時代だ。

そんなトニコを見かねて、ノゲイラが「ふたりで練習しようよ」と声をかけた。それがはじまり。

当初、ふたりはトニコの家で練習していた（練習スペースとしてはまったく問題ないだろう）。

トニコによれば、ノゲイラもタデウからはほとんど何も教わってないらしい。とにかく見て考えて、思いついた技をひたすら試し、自らの力で強くなってきたのだ。

弟子——ドゥドゥ・ギマラエス

ワールドファイトセンターで、月、水、金曜の18時から2時間、ノゲイラはルタリブレのクラスをみている。下は12〜13歳の子どもから、上は中年のおじさんまで。生徒の数は多くはなく、通常7〜8人で練習している。ノゲイラに聞くと、実際続く奴はそんなにおらず、入れ代わりが激しいらしい。季節にも影響され、クリスマスやカーニバルがある12月から3月までのサマーシーズンは、とくに人が減るという。暑い中でやる練習なんかより、ビーチへＧＯということなのだろう。他のアカデミーでも似たような現象が起こるらしい。

実際、私が最初にワールドファイトセンターを訪れたときにいた奴で、半年後にもいたのはドゥドゥ・ギマラエスだけだった。

ドゥドゥはいい。なにより若い。まだハタチかそこらだが格闘技歴は長く、柔術からはじめ、ウゴ・デュアルチのルタリブレのアカデミーを経て、現在はワールドファイトセンター所属、ノゲイラの下でトレーニングしている。ルタリブレの茶帯。ノゲイラのサポート役をしたり、ルタの朝クラスをもっていたりする。それと並行してムエタイのトレーニングもずっと続けている。普段から常に打撃を意識したトレーニングをしているから、彼ならバーリトゥードでもいい試合をするだろう。そして最後に、ルックスもよい。

サブミッション好き

18時に練習がはじまるが、最初の30分はストレッチや補強運動だ。とくに腹筋はこれでもかというくらい、バリエーションを変えてしつこくやる。私もやったが、けっこうキツい。その後30分間は技の練習となる。ルタリブレはとにかくチョーク系の技が多い。

なにかといえば首を狙うのだ。どのポジションからでもとにかくチョークを狙っていく。

ルタリブレは道衣を着てやる柔術とちがって裸の競技だから、チョークはとりあえずの技として手っ取り早いのだろう。それから、引き込みながらのテイクダウン。これもルタでは多い。分かりやすくいえば、柔道の巴《ともえ》投げみたいな感じか。純粋なレスリング式のタックルで奪うテイクダウンの技術は日本のほうが優れていると思う。とはいえ彼らのテイクダウンの技術も日々進歩している。

私がブラジルを訪れた２００１年3月と半年後の10月を比べてみても、ずいぶん状況が変わっていた。

半年前の彼らはレスリングの練習などしていなかった。ごく簡単に我流タックルの打ち込みはしていたけれど、今から思えば以前のノゲイラのタックルなんて単なる力まかせの雑なものにすぎなかった。よくそんな状態で勝ち続けていたものだ。それがまたノゲイラの魅力なわけだが、荒削り。

でも、今では打ち込みからスパーリングまで、かなりの時間を立ちレスリングに費やしている。

これにはノゲイラ自身のスタンスがかなり影響している。

彼には、強くなるためにはいろいろなところに出稽古に行って交流し、さまざまな技術を取り入れようという姿勢がある。貪欲で柔軟なのだ。だからブラジリアン・トップチームにも出稽古に行くのだろう。

生粋のルタリブレ・スタイルを頑なに守らなければ、というよりも、今の彼の意識はバーリトゥードの闘いに向かっている。だから、必要と思えばレスリングの練習も本格的にやりはじめるわけだ。

一度聞いたことがある。

「打撃、レスリング、サブミッション、いろいろやってるけど、どのトレーニングがいちばん好きなの？」

彼は即座に答えた。「サブミッションだ」

やはり関節の取り合いが好きなのだ。いろいろなアカデミーに出稽古に行っても、彼のベースはやはりルタリブレ。なんだかんだいっても、体にルタリブレが染みついているのだろう。

最初にはじめた格闘技がルタで、今まで10年以上も続けてきているのだから。

労働者階級の〝Luta Livre〟

ここで、ルタリブレについて簡単に説明しておきたい。

ルタリブレは、いわば道衣を着ないでやる柔術、裸の柔術だ。

「luta」とは、〝戦い・格闘〟を表し、「livre」は〝自由な、無制限な〟という意味だ。

技術的には、柔術と大差はない。ちがいといえば、柔術には道衣を使う独特のテクニックがあり、ルタにはギロチンなど独自のチョーク系の技が多いことがあげられる。

長年の間、柔術とルタは天敵同士として、いがみ合ってきた。とはいえ競技人口は圧倒的に柔術のほうが多い。傾向としては、柔術には金持ちが、ルタには貧しい層の出身者が目立つ。これは単純に、柔術だと道衣代がかかるということも関係している。ルタは上半身裸の競技なので、道衣も何もいらない。短パンさえはいていれば、それでいいのだ。月謝や試合の出場料もルタのほうがかなり安い。

ある日、ノゲイラが出稽古に行っているマーシオ・クロマドのアカデミーに同行したとき、それは実感として裏付けられた。通ってきている奴らの多くはファベイラ（貧民窟）の出身で、月謝もろくに払えないでいる。

クロマドのアカデミーは、ウェイト・トレーニングのジムなどが入ったビルの一室を借りて運営している。しかし、弟子たちが月謝をしっかり払わないので、私が訪れたころクロマドはビルから追い出されそうになっていた。

サブミッション・アーティスト

クロマドの弟子たちは、一見タチの悪そうなのが多い。

おまえら普段何してるんや？ と思わずにいられないような風貌。

たまたまそのうちのひとりの日常を垣間見ることができた。ある晩、偶然クラブで会ったのだ。100キロの巨体にビシッとスーツを着込み、入口で用心棒をしていた。クロマドのアカデミーは、ブラジルに来る前、勝手に想像していた〝これぞルタのアカデミー〟というイメージ（ゴツくて怖い奴らの集まり）そのものだった。

いかにも夜のストリートで鳴らしていそうなオーラを誰もが放っている。クロマドを筆頭に非常にカッコいい、フォトジェニックな奴らだ。

彼らはルタの選手としても非常に強い。実際、その多くが各種トーナメントにおいて素晴らしい成績を収めている。各階級のチャンピオンクラスが揃っているのだ。

彼らは関節の取り合いっこが大好きだ。打撃やレスリングなど、さまざまな要素が必要とされるバーリトゥードより、明らかに、関節を極め合う昔ながらの純粋なルタリブレを愛している。

テイクダウンを奪うためのタックルの打ち込み練習などは、クロマドのアカデミーでは一切やらない。最初に何分間か、いくつかのバリエーションの腹筋、背筋運動をした後は、延々とサブミッション、関節を取り合うスパーリングが続く。時間も無制限。お互いが納得してやめるまでひたすら続く。

職人。サブミッション・アーティスト。渋い。

ヨーロッパ進出

クロマドは2001年の夏、スイスとドイツでルタのコーチをしていた。

ノゲイラの友人フラビオ・ペローパも同年秋、かなりの期間フランスに滞在してルタを教えた。

本当に少しずつではあるが、ルタリブレはブラジルからヨーロッパへと広まりつつある。

アメリカや日本とちがい、ルタを広めるのによい土壌なのかもしれない。

アメリカではもともとボクシングやレスリングが非常に盛んだし、今ではUFCとグレイシー一族の影響でブラジリアン柔術もかなり広まっている。日本はいうまでもなく、柔道に空手、相撲や合気道など、数多くの格闘技の発祥地であり、ボクシングやキック、レスリングなども盛んだ。それに加えて、今では総合格闘技や柔術の道場、ジムもたくさんある。だから、アメリカと日本にはルタの付け入る隙間がない。仮にルタのアカデミーを開いたとしても、人はそんなに集まらないだろう。

それに比べて、ヨーロッパにはオリジナルの組技系格闘技がない。

イギリスのボクシング、フランスのサバット、オランダのキックというように、打撃系格闘技は一部でそれなりに浸透しているが。やはりヨーロッパはなんといっても圧倒的にサッカー文化圏だ。

でも、だからこそルタが根を張る可能性は低くない。チャンスがあるのだ。

ヨーロッパに広まれ、ルタリブレ！

体格差も当たり前のスパーリング

ノゲイラの練習に戻ろう。19時からはスパーリングだ。時間を決めてやる場合もあるし、お互い納得するまで、どちらか一方が関節を極めるまで、延々とやり続けるときもある。それはノゲイラが決める。

スパーリング相手もそれぞれ彼が決めていく。だから彼が指名すれば、日本だったらなかなかないような50キロと100キロのふたりによるガチンコのスパーリングが行われたりもする（格闘技では、実力が拮抗している者同士の場合、体重がほんの5キロ、10キロ異なるだけで、もう全然ちがってくる。勝負にならないときもある）。

これはただ単に、アカデミーに人が少ないから起こる現象なのだが。

写真で見ると、かつてのエウジェニオ・タデウのアカデミーも人が少なそうだったから、ノゲイラ自身、入門当初の12歳くらいのときからこういうふうに体格差に関係ないスパーリングをやってきたのだろう。

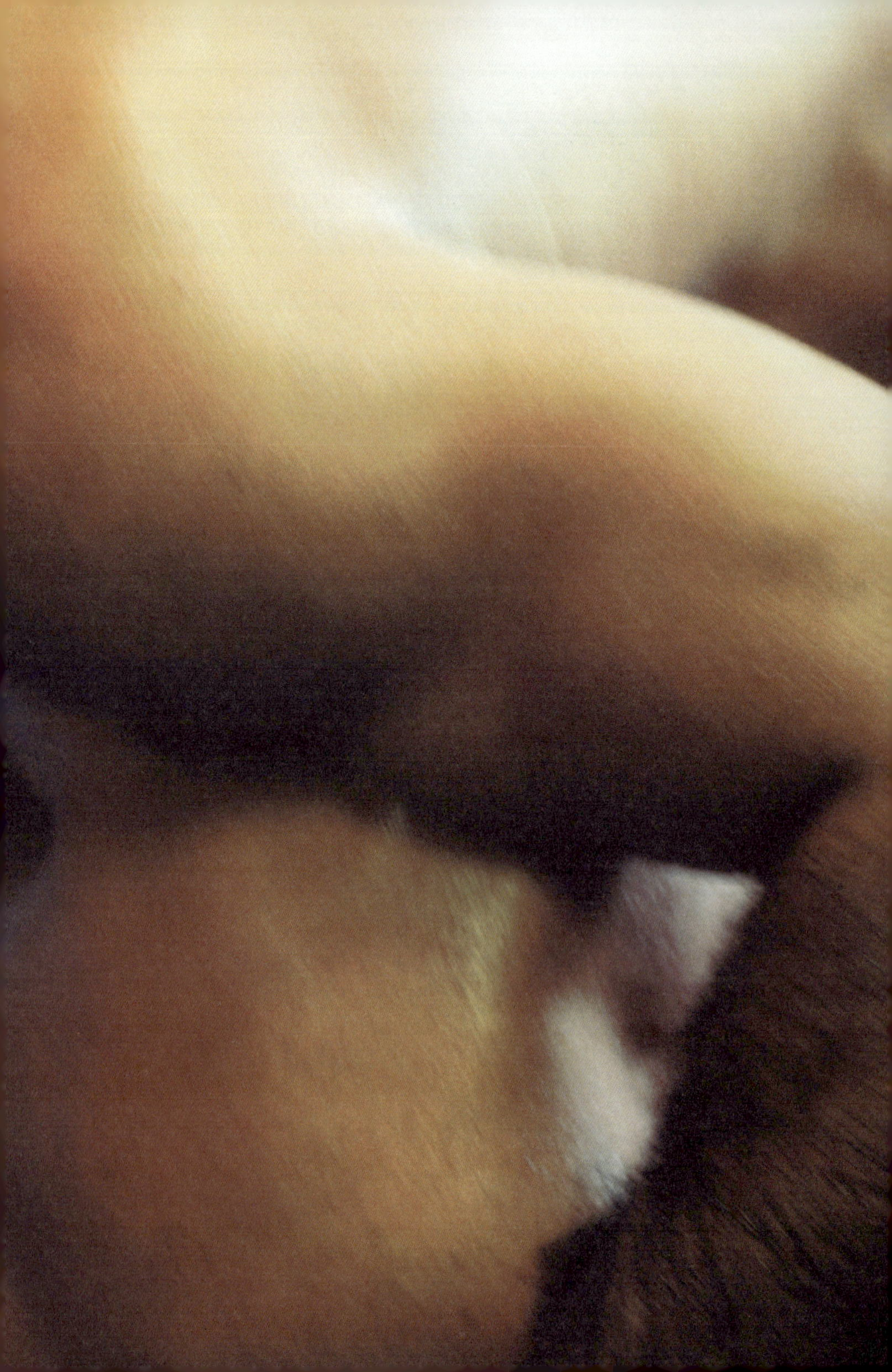

そして、その日々の繰り返しが、今のノゲイラに結びついている。

たとえ自分よりひと回りふた回りデカい相手でも、体格差に関係なく圧倒し、チョークで絞め、そして関節を極める彼のファイトスタイルが何よりの答えだ。

ノゲイラの代名詞「ギロチンチョーク」が生まれたのも、そんな環境と無縁ではないだろう。彼は小さいから、どうしても相手に上のポジションを取られてしまう。そういう条件下で、いかに重い相手を極めるか試行錯誤してるうちに、ギロチンチョークに行き着いたにちがいない。ギロチンだと下からでも極められるし、リーチ、身長、体重に関係なく攻めることができる。

ただし、並外れた彼の腕力があってはじめて、それは可能となる。

そこに彼の経験と思考、そして日々の研究が加わって、オリジナルホールドといってもいいくらい絶対的な技ギロチンチョークが誕生したのだ。

ここ一番で使うギロチンチョーク

なぜノゲイラのギロチンはそんなに極まるのか？

もともとギロチンチョークは極まりにくい技だと思われていた。

それがノゲイラが試合でバンバン極めるものだから、今ではブラジル、アメリカ、日本を問わず、誰もがチャンスさえあればトライする最もポピュラーな技のひとつになった。

ただし誰もが使うようになったとはいえ、いまだに彼ほどの決定力で極められる奴はいない。

ノゲイラがスパーリングでギロチンチョークを使うときは、限りなく100％に近い確率で極める。いや、100％極めるといっていいだろう。でもスパーリングでは意識してあまり使わないようにしている。極力、他の技（アメリカーナ［腕絡み］やレッグロックなど）で極めようとする。ただし、ここは絶対に極めたい、極めてやるというときは、ギロチンチョークの出番だ。

たとえば出稽古先で、また自分のクラスに出稽古にきた、初めてスパーリングする相手などに対しては、最初からギロチンを使う。舐《な》められないためだ。初めから全開でいって、ギロチンをバシッと極め、自分の実力を分からせる。先にガツンとやる。そういうとき頼れるのはやはりギロチンだ。

それほどノゲイラは、自分の必殺技に絶対的な自信をもっている。

これさえ使えば絶対に取れると。実際そういう光景を何度も目にした。

奥歯をも砕く力技

ノゲイラに限らず、ルタの選手はよくギロチンチョークを使う。

私自身、ノゲイラも含めていろいろな選手からギロチンチョークをかけられた。

彼らにギロチンをかけられると、今までに聞いたこともないような音を立てて、首が絞め上げられていく。ミシッミシッ、バキッバキッバキッ。そんな音が首周辺から聞こえてくる。

ただしいつも完全に極められるわけではなく、逃れることが可能な場合もある。同体重、もしくはそれ以下の選手にギロチンをかけられてもそんなには効かないのだ。

ギロチンが極まるか極まらないかは、最終的には腕力（絞める力）によるところが大きい。技術がある軽い選手より、下手でも体重のある選手に力まかせに絞め上げられたほうが断然キツい。

力のある奴にギロチンをかけられると、頸動脈が絞まる絞まらない以前に、単純にものすごい圧迫感で苦しい。このまま耐えていたらどうにかなってしまうのではないか、そんな恐怖感に襲われる。実際私は、（これは喉に入ってないから大丈夫だ）と思って耐えていたら、バリッバリッと奥歯が割れ、かけてしまったことがある。

彼らは腕が喉にきれいに入っていようがいまいが、そんな細かいことは気にせず、とにかく力まかせに絞め上げてくる。ギロチンが絞め技としては極まっていなくても、フェイスロック的な痛め技として極まり、とりあえずタップを奪えればそれでいいのである。

ただし日本人だとそうはいかない。腕がきれいに頸動脈をとらえていないと、絶対に極まらない。ポイントなんか気にせず、絞め上げてタップを奪えるほどの力がないからだ。日本人がなかなかギロチンチョークを極めきれない理由は、それがタイミングとコツさえわかっていれば誰もがタップを奪えるようなタイプの技ではないからだろう。ギロチンチョークは最終的には力技だと思う。

ドゥドゥにギロチンをかけられたとき、私は何度か逃げることができた。ドゥドゥもノゲイラ同様、ギロチンが得意だ。ただ体重が70キロくらいでこちらと大差がないので、少しでもポイントがズレていると、もう極まらないのだ。がむしゃらに絞め上げてタップを奪えるほどの力もない。

ギロチンはバックを取るなどの高度なポジショニングが必要なわけではないから、力さえあれば初心者でもタップを奪える。だから初心者はそればかり狙ってくる。しかも彼らは非常にしつこくて、一度ギロチンを仕掛けてくると、極まるまでは意地でも腕を離さない。相手をしていると非常に疲れる。

天才格闘家の絞める力と腕の太さ

もちろんノゲイラのギロチンチョークはそんな単純なものではない。

とはいえ腕で相手の首を挟み、頸動脈を絞めて極めるという点においては同じだ。魔法があるわけではない。ただし、彼の場合は相手の体格や状況に関係なく、いつ何時どんな体勢からでも極められるよう、思考と研究を重ねた末にようやくたどり着いた完成形だ。バリエーションも豊富である。ギロチンに入るタイミング、絞めるポイント、極め方のコツ、そういったことを誰よりもよく分かっている。

ただ、それだけではまだ足りない。そこにギロチンチョークを極めるうえで必要な要素＝絞める力が加わったとき、ノゲイラのギロチンは必殺技となるのだ。

あるときノゲイラが、通常のタイプと少しパターンのちがうギロチンを教えてくれた。

ただ何回試してみても、私はタップを奪えるほど絞め上げることができなかった。

入り方がどうとか、腕の角度がどうとかそんな問題ではなく、どうやら単純に絞める力が足りないようだ。

ノゲイラはそういう力に生まれつき恵まれている。

これは推測だが、腕の太さも大いに関係していると思う。相手の首を圧迫するのに適した太さの腕なのだ（ボクシングでいえば、生まれつき腕が長いのはそれだけで有利。攻撃面でいえば相手にパンチが届きやすい。ディフェンス面はファイティング・ポーズをとったときに、相手のボディブローに対して自分のボディの側面をカバーできる領域が広い。辰吉丈一郎の体型がまさにそれだ)。

格闘技に限らずどのスポーツでも、ハイレベルな争いになってくると、最後は努力や経験、センスでは補いきれない、生まれついての体格(骨格、筋肉の質)や怪我をしにくい体質(筋肉、関節が柔軟)など、先天的な要素が非常に重要になってくる。いわば生まれついての才能だ。

ノゲイラにとって、ギロチンチョークは生まれるべくして生まれた天賦の技といえよう。

彼は本能で闘っている。日本のマスコミは深読みしすぎだ。ギロチンにもっていくための戦略? ノゲイラはそんなことは考えていない。彼の試合がギロチンで決まることが多いのは、偶然であり必然ともいえる。本能のおもむくまま闘っていて、そこに相手の首があったからギロチンに取って極める、それだけのことなのだ。

ギロチンチョークだけを狙っているわけではないし、そもそも他の技も十分巧い。チャンスがあれば、パンチやヒザでKOも狙えるし、アメリカーナやレッグロック、チョークでも極めることはできる。ただ、ギロチンチョークが彼にとって信頼のおける絶対的な技であることはたしかだ。

だから結果的に、ギロチンで極まる試合が多くなる。そういう意味では必然だ。

猪木―アリ状態からのパスガードなど、あらゆる身のこなしもめちゃくちゃに速い。そして力強さもある。その闘い方は柔というより剛、力でねじ伏せる感じだ。加えて天性の反射神経、安定したコンディションのよさも忘れてはいけない。

はっきり言ってしまえば、ノゲイラは「生まれつき強いタイプ」の格闘家だ。

体は小さいけれど身体能力が非常に高く、そしてセンスがいい。つまり天才なのだ。

ワールドファイトセンターで行うトレーニングの意義

実際のところ、生徒たちのなかでノゲイラの練習相手になれるのは、ドゥドゥぐらいのものだ。しかしそのドゥドゥにしても、ノゲイラから一本取ったのを私は見たことがない。

はたして、そんなレベルの異なる相手しかいないワールドファイトセンターでのトレーニングに意味があるのだろうか？　彼はこの道場でルタリブレのクラスを受けもつことで、授業料の50％を報酬として得ている。ビジネスとして割り切っているのだろうか？

ところがノゲイラに言わせると、まだレベルがそれほど高くない相手と練習することにも、意味はあるらしい。意識ひとつ変えるだけで、ポジショニングや基本的な動きなどの確認作業ができるのだという。たとえば試合の終わったばかりの時期など、まだ追い込んだ練習はしなくてもいいけれど、一応体は動かしておきたい、心拍数は上げておきたい――そういうときの練習にちょうどいいという。

試合までまだ日にちがある時期は、ノゲイラは打撃やバーリトゥード用のトレーニングについてはワールドファイトセンターではとくにやらない。純粋なグラップリング、関節の奪い合いといったルタリブレの練習のみだ。ただし、ブラジリアン・トップチームに行ったときなどは、そこで打撃やバーリトゥード用のトレーニングはしている。でもやはり他人のアカデミーだし、人数も多いので、自分のペースで練習はできない。そこでは一練習生だ（もちろんこれにもメリットはある。甘えや妥協は許されないし、練習相手にも困らない）。

ただ試合が近くなってくると、対戦相手のことや自分の状況（怪我やコンディションの状態、減量など）を考えながら、より試合を想定した形でのトレーニングが必要となる。そういうとき、ワールドファイトセンターでのトレーニングが活きてくるのだ。

たとえば、時間を計って20分間ぶっ続けの5人がけスパーリング。トニコやドゥドゥを対戦相手に想定して行う、リングを使ってのスパーリング。打撃からのテイクダウン、パンチを打ちおろしながらのパスガードまでのスパーリング。マウントやインサイドガードからのパンチの練習。パンチや膝蹴り重視のミット打ちなど。

普段はルタ中心のトレーニング、試合が迫った時期には実戦的で追い込んだスパーリングをやる場所――それがノゲイラにとってのワールドファイトセンターなのだ。

「アイム・プロフェッショナル！」

現在の収入源は、プロ格闘家として闘っている修斗でのファイトマネーと、ワールドファイトセンターで教えるルタリブレ・クラスの報酬だ。ただしこれからは、もっといろいろなところでルタを教えることになるかもしれない。実際そういう依頼がノゲイラの下にはいくつか来ている。

いま彼は、格闘技だけで生計を立てている。けっして貧乏ではないが、裕福でもない。余裕はない。これが現在の彼が置かれている状況だ。だから彼にとっての格闘技とは、好きだからという理由だけでやっているものではない。リアルに生活がかかっている。

ノゲイラは、もともとそんなに豊かではない家に生まれ育った。パパは肉体労働やレストランのウェイターなどをして家族を養ってきた。ノゲイラは現在、仕事がなくなり故郷に引き上げたパパたち家族に仕送りをしている。弟も学校が終わった後、バイトをしてるらしい。

彼の両親が久しぶりにリオに出てきて、ノゲイラの家にしばらく滞在していたとき、ノゲイラが金を無心されて彼らに札を渡しているところをたまたま目撃した。あまつさえ、「キミからもアレッシャンドリにもっと仕送りするよう言ってくれよ」とパパから懇願された。

「彼は先日も、ちゃんと送金していましたよ」

と応じると、

「金額が少ないんだ」

断っておくが、こういうやりとりは、べつに殺伐とした雰囲気の中でなされたわけではない。彼ら親子にとっては普通の光景なのかもしれない。けれど、両親が子どもに金を要求していたのは事実である。私にとってはちょっとしたカルチャーショックだった。

だからこそ、「ファイトマネーがたとえ安くても闘えれば幸せ」というわけにはいかないのだ。なかにはそういう格闘家もいるが、ノゲイラはちがう。

「もし、今よりいい条件の提示が他の団体からあったらどうするんだ、上がるのか?」

彼は拙い英語で明言した。

「マイ・ワーク・イズ・バーリトゥード。アイム・プロフェッショナル!」

自分の仕事はバーリトゥードで闘うことなのだから、条件さえ合えばどんなリングにだって上がる。それがプロフェッショナルということなのだ、と。今でもこのフレーズが耳について離れない。とかく日本ではカネの話をすると、あまりいい印象をもたれない。でも、自分のやっていることに誇りをもっていれば、それに見合った報酬を要求するのは当然のことである。もちろん、そのためには結果を出す必要がある。

これは格闘技の世界に限らず、どんな業界にもいえることだろう。プロなのだからギャランティの話をするのは当たり前だ。とくに野球やサッカーなど、他のメジャースポーツではすでに当然のことである。〝ペケーニョ〟ノゲイラは、プロ格闘家なのである。職業、格闘家。

バーリトゥードに特化したアラン・ゴエス

アラン・ゴエス——かつてカーウソン・グレイシーの下で柔術を学び、その後マリオ・スペーヒー、ムリーロ・ブスタマンチ、ヒカルド・リボーリオらとともに、ブラジリアン・トップチームを結成、PRIDEで桜庭和志を相手に互角の闘いを演じた男。

彼は今、ブラジリアン・トップチームを離れ、友人のアンドリ・ビニシュフという人物と共同でアカデミーを経営している(その後2002年よりゴエスは活動の場をシアトルに移した)。

場所はリオ・デ・ジャネイロのボタフォゴ地区。ブラジルでは、格闘技のアカデミーとして単独で経営されているところは稀で、通常はウェイト・トレーニングジム内のスペースを借りているケースが多い。アカデミーの経営者がジムの経営を兼ねている場合もある。ゴエスのアカデミーは〝ウニベルソ・アトレチコ〟というウェイト・トレーニングジム内にある。おそらくアンドリ・ビニシュフがこのジムのオーナーでもあるのだろう。

ゴエスのアカデミーのシステムは、私がいくつか見た他のブラジルのアカデミーのそれとは微妙に異なっていた。たとえば、トップチームは基本的には柔術のアカデミーだ。そのなかでバーリトゥードで闘っている者、あるいは闘おうとしている者たちが、打撃やレスリングなどの練習もしている。シュートボクセも同じで、基本的にはムエタイのアカデミーでありながら、そのなかの選ばれた何人かが、バーリトゥード用の練習をしている。グレイシーバッハも同様で、元来は柔術のアカデミーだが、バーリトゥードのリングに上がる者だけが、試合の期日に合わせて特別な練習をする。クロマドのアカデミーも然り、基本はルタリブレのアカデミーだ。

このように通常は、柔術やムエタイ、ルタリブレなど、まず核となるそれぞれのアカデミーの顔があって、そのうえでのバーリトゥードということになっている。

ところが、アラン・ゴエスのアカデミーはそうではない。

まずバーリトゥードありきだ。そこから逆算して、では何が必要かという考え方がベースになっている。すべてのカテゴリーが並列であり、互いにリンクしている。空手、レスリング、柔術、そしてウェイト・トレーニング——それぞれにクラスがあって、それぞれに別の先生がいる。

そこでアラン・ゴエスは柔術のクラスを教えつつ、自らも空手やレスリングのクラスに出席している、ムエタイではなく、空手というところがおもしろい。しかも今の時代の潮流である、〝試合に勝つための競技空手〟ではなくて、もっと昔の〝武道としての空手〟だ。

「ムエタイや競技空手ではなくて、こういう武道としての空手の技術のほうが、意外とバーリトゥードに使えるんだ」と言いながら、彼は実際に動きを見せてくれた。向かってくる相手をまず手で捌《さば》いて、それから、一撃を入れる——そういう技術だ。

レスリングに否定的だったノゲイラ

ノゲイラと私はこのアカデミーのレスリングのクラスに顔を出した。

きっかけは、ブラジリアントップチームのジュカオンに、私が誘われたからだ。

「アラン・ゴエスのアカデミーはいいよ。俺もそこでレスリングのトレーニングをしているんだ。写真撮りにくれば？　きっといいものが撮れると思うよ」

ジュカオンは私に自分の携帯番号を書いた紙を手渡し、強引に日時まで決めてしまった。

しかし、ノゲイラにその話をすると、「そんなの行きたくない」と言う。せっかくのジュカオンの誘いを、我々は結果的に2回もドタキャンした。ブラジルにいる間、私の唯一の足はノゲイラに便乗するバイクだったから、彼に行く気がないと行けない。

「僕はレスリングのトレーニングが好きじゃない。倒してそれで終わりみたいな練習には意味がないよ。バーリトゥードはそれでは終わらないからね。倒して極めてそれでようやく終わる。僕はサブミッションのトレーニングが好きなんだ。カカレコっていう友人がいるんだけど、彼はルタの選手だったのに、最近はレスリングのトレーニングばかりしている。それで彼は弱くなった。バーリトゥードにしてもサブミッションの試合にしても最近は全然勝てていない。極めることができなくなったからだよ」

ノゲイラはそう言うのだが、私にしてみればジュカオンが熱心に誘ってくれるし、そのアカデミーも見てみたかったので、なんとか彼を説得しようとした。

「今のバーリトゥードの流れでは、テイクダウンして上を取る技術として、レスリングは非常に重要だ。おまえにはギロチンをはじめ極めの強さがあるけれど、そこに腰の強さや倒して上を取る技術が加われば完璧だよ」

こんなようなことをうまく伝えて、渋る彼にようやくオーケーを出させた。ただ、仮にはじめは「行く」と言っても、ノゲイラはその日その時間になると「やっぱり行きたくない」などと平気で言い出す。このあたりがリオの人間である証で、時間と約束にとてもルーズだから、最後まで安心はできなかった。しかし、その後もジュカオンが誘ってくれたこともあり、三度目の正直でゴエスのアカデミー行きはようやく実現した。

迫力の差し合い

「みんなデカッ！」アラン・ゴエスのアカデミーを訪れた際の第一印象だ。

そんなに広くないアカデミーには、夕日に素肌を照らされてトレーニングに励むゴツい男たちがゴロゴロしていた。とくに目を引いたのがゴエスのゴッさだ。まるでプロレスラーのようだ。身長はそんなに高くはないのだが、肩幅と胸板の厚さがハンパじゃない。

「これでホントに桜庭と闘ったミドル級か?」

どう見ても100キロはありそうだ。試合のときは、たぶん相当に減量するのではないだろうか。実際聞いてみると、体を大きくするためのウェイト・トレーニングにはずいぶん力を入れているようだ。桜庭選手と闘ったのは2年くらい前のことだが、あのときから比べてみても、かなりデカくなっていると思う。

そんなゴツい男たちがガンガンぶつかり合いをしているのだから圧巻だ。パウロ・フィリョとトップチームのモアシール・ボカの差し合いなんて、本当に熱がこもっていて迫力十分、見ているこっちまで力が入ってくる。

バーリトゥード対応のレスリング・スパー

ウォーミングアップがすむと、最初はふたり一組になっての差し合い、タックルして相手をもち上げての打ち込み。それから全員が横一列に並んで、コーチの掛け声に合わせての、タックル切りやアヒル歩き。そして床にタオルを置いて、それを挟んでお互い向かい合い、中腰からどちらがそれを先に取るかといったゲーム（負けたほうは腕立て伏せ）。

こんなふうに学校の部活動のような練習が続く。格闘家としてはみんなベテランなのに、誰も文句を言わずコーチの指示に従って、真面目に黙々とやっている。みんな強くなることに対して真摯なのだ。

レスリングのスパーリングとはいっても、生粋のレスリングルールではない。ほとんどの選手がバーリトゥードのための練習をしているので、テイクダウンを奪うまでのスパーだ。倒したら終わり。その後また立ち上がって、最初からスタート——この繰り返し。パーテル・ポジションからのグラウンドの攻防などはしない。

レスリング好きになったペケーニョ

最初にレスリングのクラスに参加したとき、ノゲイラは、やはり勝手がちがうからか動きがぎこちなく、コーチからいろいろと指導されていた。だが、スパーリングになると別人のように様子が変わった。

水を得た魚のように、活き活きとしている。

「ノゲイラがすごい」という認識には終始変わりはないのだけれど、とにかく私はずっと彼と一緒にいるので、普段の練習やスパーリングでの彼の動きを見慣れてしまい、新鮮さが薄れていた。

だからよけいに、今回のような条件下（ちがった相手、ちがったルール）でも、まったく臆することなく相手を圧倒するノゲイラを見て、（すげえ、速っ！　やっぱモノがちがうわ。天然でスゲエ）と鳥肌が立った。

ノゲイラは躍動していた。純粋なレスリングのトレーニングなど今まで全然やったことがないのに、ブラジルチャンピオンのレスラーを相手にしても、一度もテイクダウンされない。それどころか押している。相手にタックルされても、全部それを切っている。形はかなり不格好だけど。

タックルにしても、かなり間のあいたところから仕掛けていくのだけど、持ち前のスピードと力強さで強引に相手をつかまえて、持ち上げてしまう。とにかく速いのだ。我流だから全体的に動きが荒く無駄も多いけれど、反応の速さと動きのスピードが相手と1レベルちがうので、十分カバーできてしまう。

スパーリングがはじまる前は、出稽古にきた修斗の現役チャンピオンははたしていかがなものか、という好奇の目でみんなが見ていた。しかしスパーが白熱してきた頃には、その視線もすっかり変わっていた。「おぉ、さすが、やるやん」みたいな感じで、スパー終了と同時に拍手が湧き起こった。

初めてのトライであれだけやるのだから、これからレスリングを続けたら、どれほどまでの選手になるのだろう？　その経験と技術は、きっとバーリトゥードの闘いに活きてくるはずだ。

「これからもレスリング続けてみたら？　おまえの言うように、たしかにレスリングとバーリトゥードはちがう。だからもちろんトレーニングの基本はルタリブレのようなサブミッションにして、週1回でもいいからゴエスのアカデミーに通ってレスリングを続けるんだよ。タックルなどの技術を修得できるだけじゃなく、レスリングのトレーニング自体そうとうキツいから、心肺機能とおまえの好きなナチュラルな筋肉も同時に鍛えられるよ」

すると、レスリングでも想像以上に自分がやれたことで気をよくしたのか、意外な答えが返ってきた。

「うん。そうしようかな」

最初はあれほど渋ってたのに、それ以来ノゲイラは週1回、多いときで2回、ゴエスのアカデミーでレスリングを続けている。どうやらかなり気に入ったようだ。

今では自ら率先して、自分の仲間たち、ブルーノ・ケロイやトニコ・ジュニオール、ドゥドゥ・ギマラエスなどにレスリングの重要性を説いて、ゴエスのアカデミーに誘っているほどだ。

＊

ふたたびのブラジル！　ああ、リオ・デ・ジャネイロ

もともと童顔なこともあって、あの頃はホントに少年のようだったノゲイラも、いまや30代後半。

２０１６年の今、彼ははたしてどんな男になっているだろうか。

日本の格闘技イベントＨＥＲＯ'Ｓで闘うために来日していた彼と会場でニアミスして以来、その後一度も会っていないし、噂もとんと耳にする機会がなかった。考えたくないが、落ちぶれていたらどうしよう。引退してしまったのだろうか……。告白すると、会うのがすこし怖かった。

さて、どうやって連絡を取ろうか。当時ノゲイラはメールを使っていなかったからアドレスは知らない。それに15年も前のことだ、おそらく電話番号も変わっているだろう。となると、今の時代はフェイスブックか、と思って検索したら、すぐに見つかった。

早速メッセンジャーで、「今度ブラジルに行く。リオで会おう！」とメッセージを送った。

３日ほどして、彼から返信がきた。

「了解。リオに来たら連絡して」

フェイスブックは頻繁にはチェックしていないようだが、これで最低限の連絡は取れる——。

9年ぶりに訪れた5月のリオはあいにくの雨だった。

リオ・デ・ジャネイロ。ああ、リオ・デ・ジャネイロ。思わずそうつぶやきたくなる。

ブルース・ウェーバーが撮った名作、写真集『O Rio de Janeiro』のタイトルにちなんで、私的には「ああ、リオ・デ・ジャネイロ」なのだ。

ブラジルでいちばん好きな街。ここに来ると心が躍る。何度来てもそれは変わらない。危険な街なのに、なぜだろう。海、ビーチ、街、岩山、ファベイラ、柔術。やはりこの街が最もブラジルらしいからか。

そんなことを思いながら、ひとけのまばらなコパカバーナビーチを散策していると、早速売り子から「マリファナいる?」と声をかけられた。ほらみろ。やっぱりここはリオだ。雨だろうとなんだろうと、変わらない。

滞在しているホテルのアドレスとともに、「リオに着いたから、明日ランチしよう」とノゲイラにメッセージを打つ。しばらくして、親指を立てた絵文字付きで「ossu」の返信がきた。

なんとか明日会えそうだな、と思いつつ床に就いた。

ノゲイラとの再会

翌朝電話してみるがつながらず、しばらくすると向こうから掛かってきた。

昼に行きたかったけれど、こっちは雨が強いから、様子を見て判断するみたいなことを言われたように思う。10年ぶりに話す彼は、英語が思ったよりもできるようになっていて、声も太く明るく、大人になったような印象を受けた。

だが、午後になってもノゲイラは現れず、こちらから何度か電話を掛けるがつながらない。夕方になり、そして夜になった。もう今日は無理だな。時差ボケのせいで午前2時ごろから起きているため眠い。あきらめて寝ようかと思っていたら、22時前に、突然「I'm he」とメッセージがきた。

何のことだ、と思ったが、もしかしたら「I'm here」のことかと思って「Where?」と打ち返してみる。返信はない。いないとは思うが、一応ホテル1階のロビーに下りてみた。やはりいない。まあそうだろうな。でもここまで来たら確認だけでも、と外に出ようとしたら電話が鳴った。取る。ノゲイラだ。そのときにはもうホテルの外に出ていた。すると、通りの向こうからあいつがやってきた。いや、やってきやがった。

「おおー、ペケーニョ！　なんや変わってないなー」

熱い握手を交わす。さすがにもう少年の面影はなかったが、当時と変わらない愛嬌のある笑顔に厚みのある身体。中年肥りになっていなくてよかった。

6連勝中の動画

この10年どうしていたのかを聞きたくて、ホテルのロビーに誘う。ソファーに腰を下ろし、

「もうファイトはやめた？」

「いや、やめてないよ。6連勝中」

「ええっ⁉　そうなん！」

驚いた。日本では全然消息が聞こえてこないので、もしかしたら……と思っていたのだ。

「どこで闘ってんの？」

「このところペルー、メキシコ、ブラジルで、それぞれ2回ずつ試合をしたよ」

なるほど、納得した。中南米で開催されるそんなに規模の大きくない大会だったら、日本にまで情報が届くことはないだろう。ただし規模が大きくないというのは私の勝手な推測で、実際のところは分からない。むしろ、たとえ観客が1万人規模の大きな興行だったとしても、中南米の情報はよほど本気で追いかけていないと掴むことは難しいと思われる。

この原稿を書きながら、確認してみようとユーチューブで「alexandre pequeno nogueira」と検索をかけたら、明らかに知らない興行の動画が3本出てきた。2本見つかったＲＤＣ ＭＭＡはメキシコの興行で、1本出てきたＩＮＫＡＦＣがペルーの興行のようだ。

しかし、そもそもＲＤＣ ＭＭＡとＩＮＫＡＦＣを知らない。

メキシコとペルーにもMMAの興行が存在し、どちらも1回こっきりではなく何回か開催されているようである。それはちょっとした驚きであり、また当然ともいえた。前者はかなり大きな興行のようだ。メキシコは1億2860万人と日本とほぼ同じ人口を誇り、ボクシングとルチャリブレ（プロレス）が盛んな格闘技大国でもある。MMAが根付く素地は充分にある。アメリカの隣国でもあるわけだし。かたやペルーのINKAFCはネーミングが絶妙だ。ロマンがある。当然インカ帝国から取ったのだろう。こんなふうに世界ではMMAが広がっているのか……。

その頂点にUFCがあるわけだ。その頂きは相当な高みだと実感する。

日々膨大な情報がネット上に飛び交う現在、世界はずいぶんと狭くなった印象があるが、どうなのだろう。たしかに調べようと思えば、ある程度は調べられる。実際ノゲイラの言う試合のうち半分は見られたわけだから。しかし、残り半分を見ることができないのも事実。そもそも、何かきっかけがなければ調べようとも思わないわけだから、そこに出会いなり縁がないと、たとえネット上に情報が溢れていようとも、実際にはたどり着けない。そこが面白い。まだまだ世界は広い。フロンティアは残されている。

実際こうしてノゲイラに会いにきて、直接話さなければ知りえないことは多いのだ。

何を選び、何を選ばないか。そこに個人の生き方と嗜好が反映される。つまり、見ていないものもいっぱいあるということだ。みんながそれぞれの興味ある世界に散らばって没入するから、大スターや大ヒットが生まれにくい時代になった。だからこそ、私はパンチのある奴が好きだ。バランスが良くて、ソツなく何でもこなす奴より、たとえ不器用でも一本筋の通った人間に惹かれる。

ノゲイラもそんな男だった。ギロチンチョークという絶対的な決め技をもち、自分の2倍の体重もあるような相手でもぶん投げて極めてきた。私はそれをブラジルの道場で何度も目の当たりにしている。試合だってそうだ。ときにはパンチでKOされたとしても、ここぞというときは必ず極める姿を見てきた。常勝じゃなくたっていいじゃないか。仮に破滅的であっても、人々を魅了する何かがそこにあれば。

ノゲイラ自身はそんなことを考えてはいないだろうが。奴は常勝したいに決まっている。それでいいのだ。語るべき人間と、語られるべき人間、両者がいれば。

あのペケーニョがハイキックでKO勝ち

それにしてもよく捕まえられたなと我ながら思う。

ノゲイラはSNSを積極的に使っている節がなく、居どころはなかなか分からないとの情報があった。しかし、そういうところも含めて彼らしい。

「最後に戦ったのはいつ?」

「去年(2015年)の11月だよ」

「何キロ級で闘ってんの?」

「65キロ」

ちょっと大きくなった気がしたが、昔と同じ階級なのか。当時はほぼ減量もせず、どちらかというとその階級では小さい体で闘っていたから、むしろ今のように絞って臨んでいるほうが自然かもしれない。

「チャンピオンベルトも持ってるよ」

「どういう団体の?」

「メキシコのINKAFC」

おそらくペルーのINKAFCだ。ごっちゃになっているのだろう。

「ボクと闘うまで3年負けなしだったレスリングチャンピオンを左ハイキックでKOして、チャンピオンベルトをゲットしたのさ」

左ハイキック⁉ 昔はほとんどキックなんて使わなかったのに。深い距離からぶん回すフック気味のパンチとギロチン、それがペケーニョだった。虚をつかれた表情の私を見て、ノゲイラがおもむろにスマホで検索し、そのときの動画を見せてくれた。ちょっと動きは硬いが、たしかにハイキックでKOしている。あのペケーニョが、とどまることなく闘いの幅を広げているのだと知って感慨深かった。

久しぶりで聞きたいことがいっぱいあったから、私のほうから立て続けに質問していると、「ブラジルは何度目?」と、逆にノゲイラから聞かれた。

「今回で11回」

「そっちこそ、日本には結局何回行った?」

「22回」

私の倍だ、すげえな。さすがは修斗、HERO'Sと日本を主戦場に長年闘ってきただけのことはある。

「最後に行ったのはいつ?」

「9年か10年前に、リオン武と戦ったときが最後だったね」

あとで調べてみたら、7年前のことだった。2009年10月、10年ぶりに開催された「ヴァーリトゥード・ジャパン09」での一戦である。話は多少アバウトだったが、まあそんなものだろう。今を生きている奴は過去を振り返ってなどいられないから、記憶は曖昧になる。なんか今を生きている感じがして良かった。駆け足で少ししゃべっただけでも、その快活な表情と雰囲気からなんとなく分かる。全然こいつは疲れていない、人生に。

世界を股にかけるルタリブレ連盟の会長

「日本以外ではどこに行った?」

「ペルー、チリ、アルゼンチン、ウルグアイ、メキシコ、アメリカ、イスラエル、ドイツ、スペイン、フランス、イタリア、ウクライナ、ポーランドとか。支部があるから、よく出かけてるよ」

すごい。完全に抜かれた。私よりずっと世界を知っている。でもなんだか嬉しい。落ちぶれているどころか現役バリバリだ。ノゲイラよ、一瞬でも疑ってごめん! 男はこうでなくちゃいかん。

「そうした国々へはセミナーとかで行ってんの?」

「そう。いまや世界各地にルタの道場があって、全部で43あるんだ」

PARA TODOS OS MOMENTOS

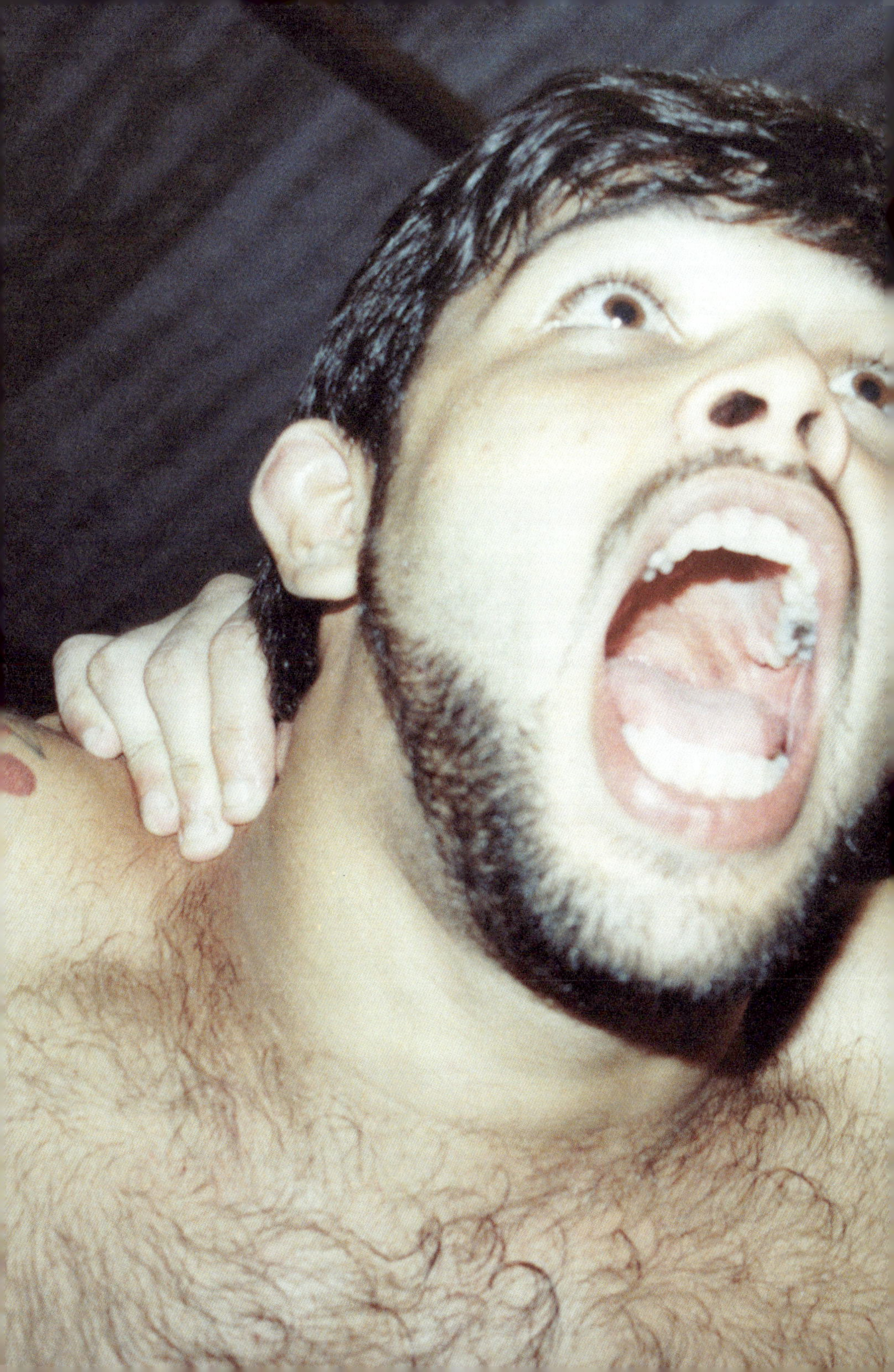

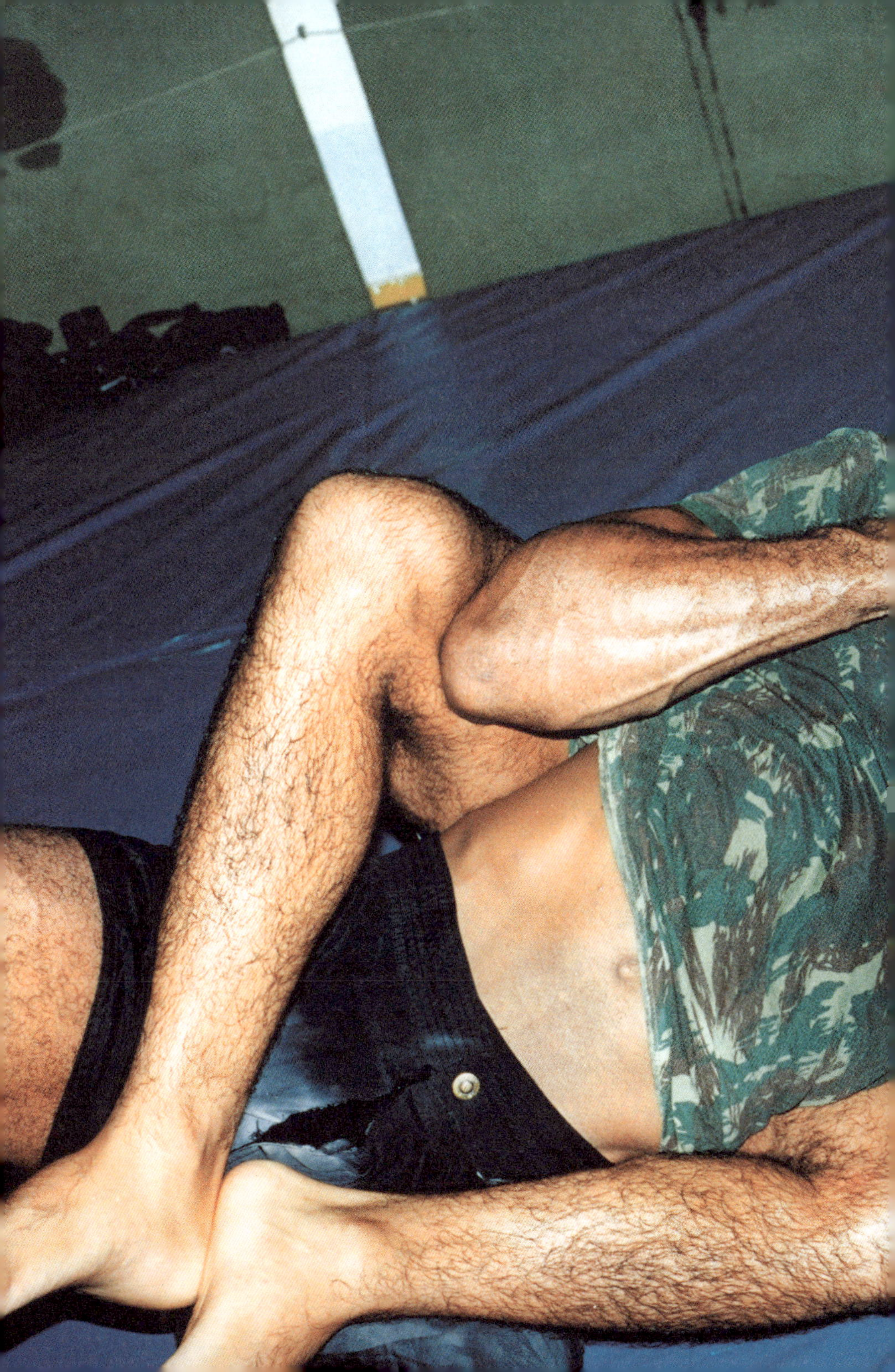

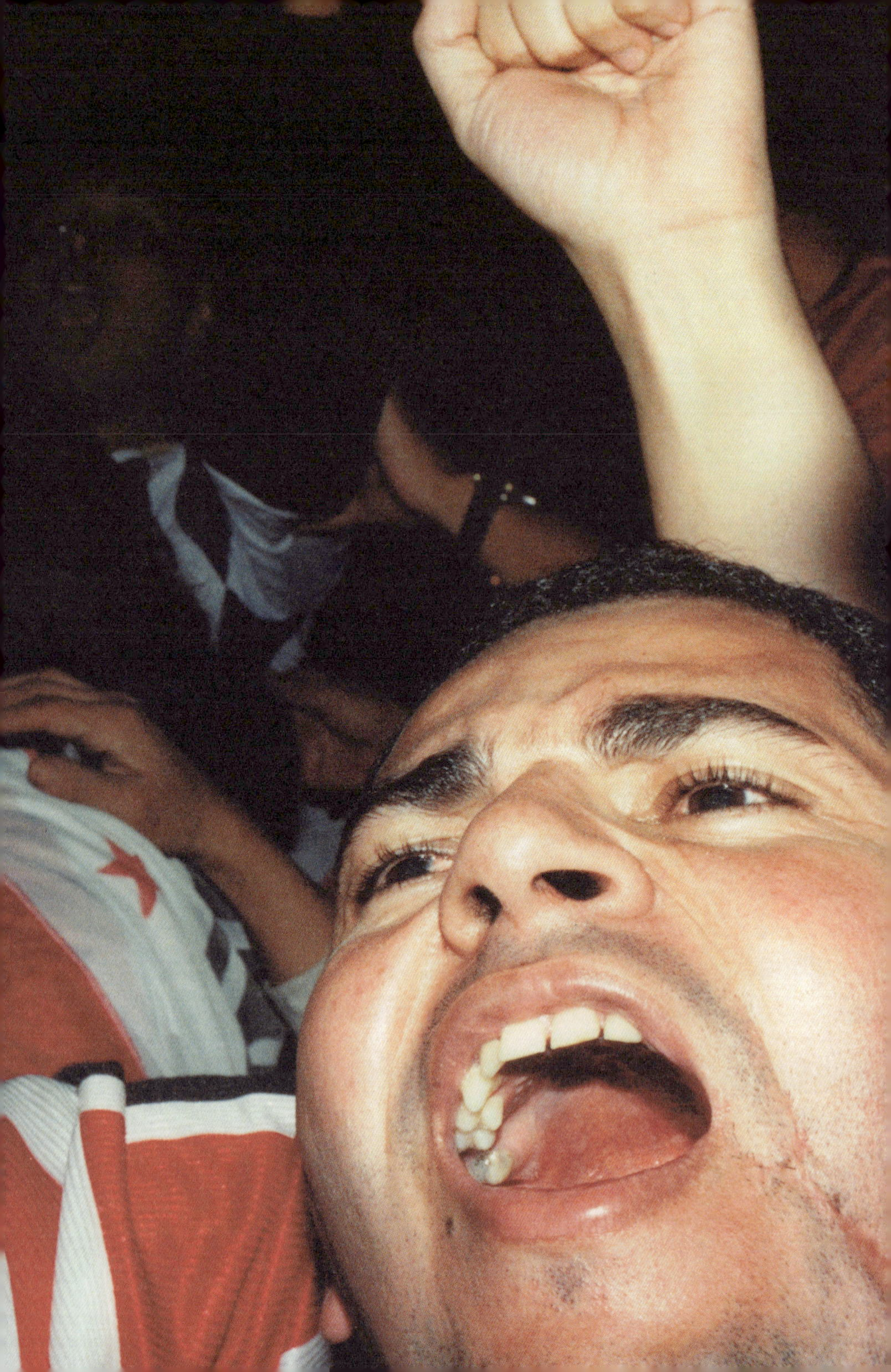

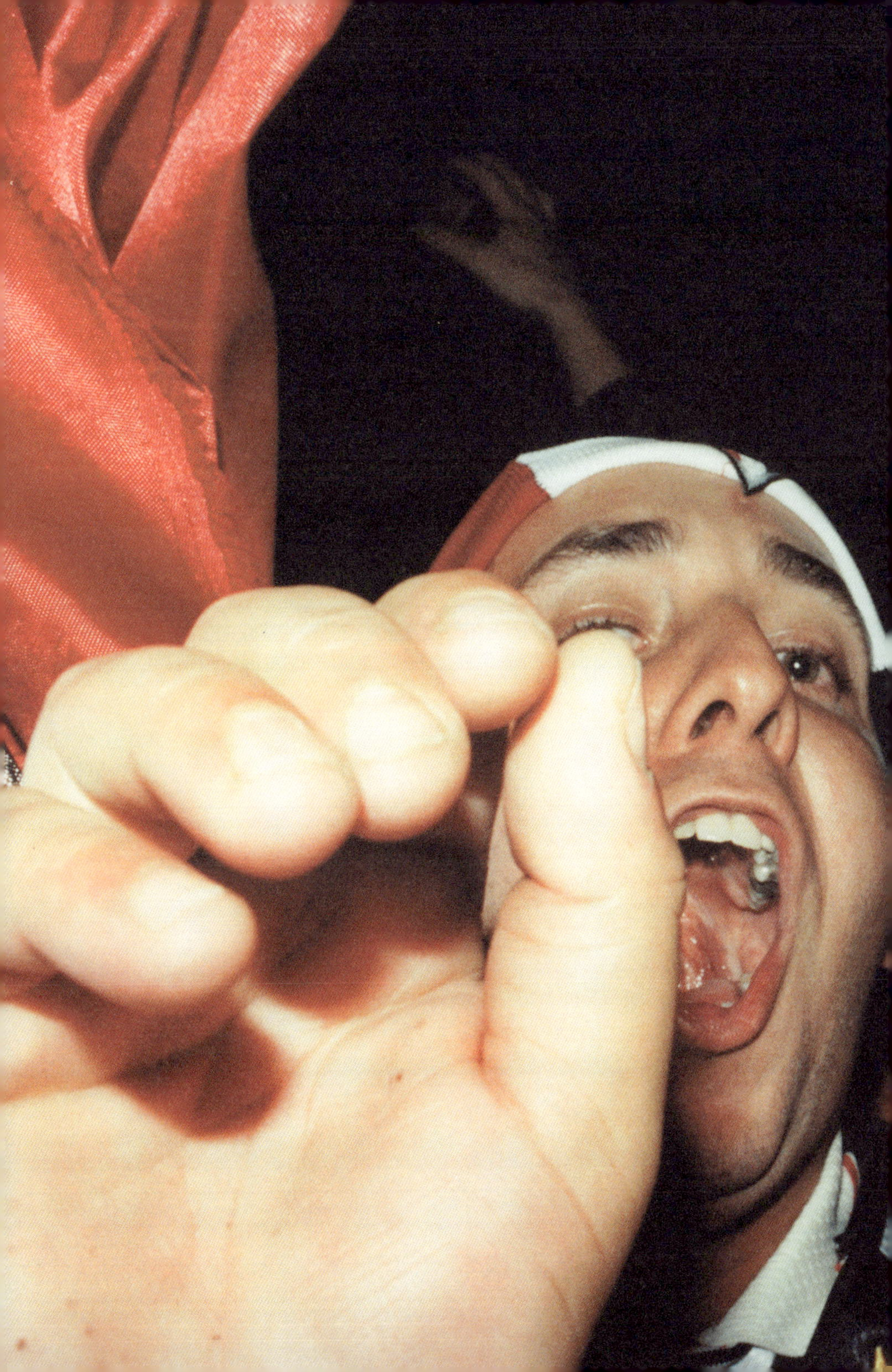

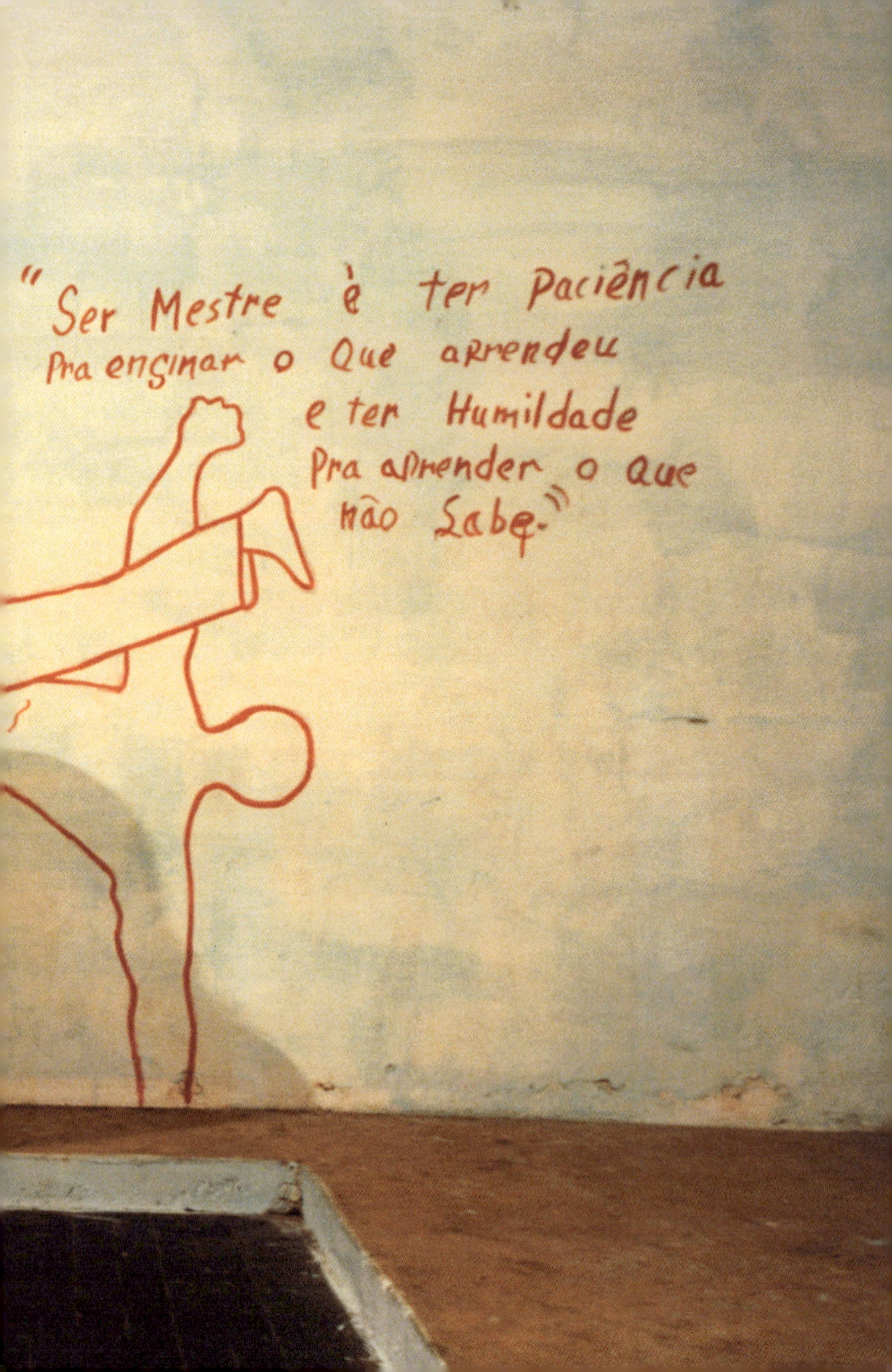
"Ser Mestre è ter Paciência
Pra ensinar o Que aprendeu
e ter Humildade
Pra aprender o que
não Sabe."

ESSA
AÇÃO
NAÇAO PALMARES
CAPOEIRA

15年前はドイツにしかなかったのに、想像を超える広がりっぷりだ。

「ブラジル国内はどう？」

「国内にもいっぱいあるよ。リオ・デ・ジャネイロ、マナウス、フォルタレーザ、マセイオ、リオグランデ・ド・スル、ミナスジェライス、パライバなんかにね」

リオ以外はみんな渋いところにある。どちらかというと辺境地帯だ。ブラジルの北、南、東の端と。やはりルタリブレはルタリブレ、柔術とはひと味ちがうのだな。

「こないだ開催したマナウスの大会は２８００人も参加者がいたんだよ！」

と、そのときの模様を写真で見せてくる。

「ちなみにボクは今のブラジル・ルタリブレ連盟と、ルタリブレ・インターナショナルのプレジデント（会長）でもあるんだ」

ちょっと照れくさそうに、でも誇らしげに言う。

「おおー！　まじか。そりゃすげえ！」と、私の声もがぜん大きくなる。

「リオだと道場はどこにあんの？」

「ニテロイ、バッハ・ダ・チジュカ（ヘクレイオ）、ジアノポリスの3カ所だよ」

リオの東、西、北の端と、これまた結構な辺境地帯だ。ただニテロイとバッハ・ダ・チジュカは郊外の、どちらかというと高級住宅地だから、きっときちんとしているのだろう。

ちなみにニテロイは、リオから見て海を挟んだ対岸にある隣街で、15年前にワールドファイトセンターがあったところである。ペケーニョはそこへ週3回ルタリブレを教えにいっていた。私にとっても、毎回彼のバイクの後ろに乗って通った思い出深い地である。

「みんな自分の道場ってこと？」

「そう」

三つのうちのどこかの道場に見学に行って、格闘家としてのノゲイラの現状と、ルタリブレの今をこの目で見なければ。「明日はどこかで指導しないの？　連れていってくれないかな」

「リオのジアノポリスでやるから来なよ」

ということで、明日また会う約束をして別れた。

かれこれ1時間以上しゃべっていた。久しぶりの再会の場は、夜更けのホテルロビーとなったが、時が経過しようとも、会えば一気に昔の関係に戻れたことがなにより嬉しかった。


部屋に戻ってひと息つくと、そもそもあいつは昼に来ると言っていたんだよなと思い出し、ひとり苦笑いした。なんせノゲイラがホテルに現れたのは夜の10時近くだ。

実はこれ、過去にも一度やられている。

朝ホテルに迎えにいくからと言っておきながら、実際に来たのは夕方だった。15年前は携帯電話もなく、入れ違いになったらいけないと思い、外出もせずに待ち続けた。でも記憶の上ではその一度だけだし、あいつは来ると言ったら必ず来た。それを破ったことは一度もない。そこだけは絶対で、私はあいつを疑う余地なく信用している。知り合いがひとりもいないブラジルで何度助けられたか分からない。

ポルトガル語が話せるわけではなく、治安も悪い。そのうえ、取材先は毎回荒くれ者どもの巣窟ときている。ノゲイラがいなかったら、ろくな写真も撮れていなかっただろう。インタビューや取材の謝礼は誰にも一銭も払っていないし、2カ月間も我が物顔で居候していたのにノゲイラにもカネを渡していない。よく泊めてくれたよ、ご飯まで作ってくれて。

彼の彼女や友人たちと旅行にも行ったし、映画にも行った。遠くベネズエラやブラジルの田舎まで旅もした。いろんなことが走馬灯のように蘇ってくる。あいつはいい奴だ。基本的にブラジル人は優しいと思うが、あいつはとくに優しい。私には、地球の裏側に本当の友人がひとりいる。

高級住宅街バッハ地区に暮らすノゲイラ

翌日の夕方、約束どおり彼はやってきた。今度は時間ぴったりだ。以前とちがっていたのは、車で現れたことだ。しかもでかいフォードで。どこに行くにもバイクに2ケツしていた昔が嘘のようだ。成り上がったなコイツとニヤリとしてしまった。喜ばしいことである。

車中でもインタビューよろしく、がんがん話しかけてノゲイラの近況を聞きだした。

さいわい英語がかなり話せるようになっていたので助かる。あの頃はひどかった。私がもっていた英ポル辞書と、彼がもっていた英ポルの電子辞書、それらを駆使して会話していたが、ときには、ひとつのことを理解し合うのに10分ぐらいかかったものだ。今とはちがい時間もふんだんにあった。それが若さの特権だ。お互いまだまだ若かった。私が30歳から31歳になる歳で、彼は七つ下だから、23〜24歳。すべてが輝いていた時代、怖いものなどなく、自分の才覚ひとつで世界は切り拓けると信じて疑わなかった年月。

べつに懐古趣味で言うわけではないし、今が充実していないわけでもない。

ただ、あの頃と比べると、残された時間は確実になくなってきた。

車は夜の帳が下りる夕刻のリオ・デ・ジャネイロ市街を北に向かって進む。リオの人口は、約600万人。高層ビルが乱立し、多くの車がところ狭しと道路を行き交う光景は東京、ニューヨークとなんら変わらない。ちょうど今は帰宅時間、ラッシュに巻き込まれてなかなか車は動かない。

焦ることはない。もっともっと話をして10年の歳月を埋めていこう。

昨夜、家族がいることは聞いていた。奥さんと子どもふたりの4人暮らし。リオ・デ・ジャネイロ郊外の高級住宅地バッハ・ダ・チジュカに暮らしている。世界ブラジリアン柔術連盟の本拠地、グレイシーバッハ本部がある、あのバッハ地区だ。有名人も多く住んでいる。

ルタリブレとはおよそかけ離れた地域だ。ルタといえば、ボタフォゴかセントロだろうと思って、吹き出しそうになってしまった。なに勘違いしてんやと。15年前の彼にはまったく似つかわしくない場所だったからだ。

彼の部屋に居候していた当時、家族だか彼女だかが週末に来るから、2日ほど出ていってくれと頼まれたことがある。「なにを⁉」と思ったが、まあしょうがない。なんせこちらは世話になっている身である。じゃあどこかいいところを紹介してくれよと頼めば、今にも生まれそうなほどお腹の大きい妊婦の娼婦が立ちんぼをし、銃声が聞こえるセントロの安宿に私を連れていったノゲイラである。まあ宿泊費が安く済んだのはありがたかったが。またあるときは、自分が週末に彼女とよろしくやっていることに気をつかったのか、タカシも行ったほうがいいよと言って、たしか当時で1回10レアルの売春宿に連れていかれた。実勢価格300円である。一応入ってみたが、狭く汚く暗く、いろいろと怖すぎて、とても目的を果たす気にはなれず出てきてしまった。

そんなところが馴染みの場所だった男が、今ではリオ随一の高級住宅街に住んでいるとは、と笑ってしまったのだ。まあ、幸せならそれでいい。友人から程よい値段で譲ってもらったのだそうだ。小さな子どももいるし、バッハ地区に住めるほど儲けているのなら、いい選択だろう。

危険な街リオ・デ・ジャネイロでは、日々何が起こるか分からない。それは観光客だけではなく、現地のブラジル人にとっても同じことだ。ここはおカネで安全を買う街、いや、おカネで安全を買う国ブラジルなのだ。

運転しながら家族の写真を見せてくれた。今は誰もがスマホに友人、家族、自分自身と多くの写真を取り込んでいる。私もそうだし、彼もそうだ。

ひとりは9歳、もうひとりは生後5カ月のともに息子。うらやましい。小さい子どもは本当に可愛い。小さければ小さいほど、赤ちゃんであれば赤ちゃんであるほど可愛い。子どもってそういうものだ。

上の子には柔道とルタリブレをやらせているとのことで、もうギロチンチョークが得意なのだとか。血は争えない。ペケーニョのギロチンは腕の太さと腕力がかなりの要素を占めていて、それは遺伝による部分でもあるから、彼の子どもに引き継がれることは容易に想像できる。3カ月の間に数え切れないほど極められた私が言うのだから間違いない。

ルタリブレは当然として、柔道もやらせているところが興味深い。ブラジルにおける柔道の位置付けがよく分かる。ただ、柔道はやらせても柔術はやらせないのだな。柔術×ルタの血で血を洗う抗争が繰り広げられた時代を知っている世代だし、いまやルタリブレ連盟の会長の立場にあるのだから、まあ当然か。

柔道は挨拶、礼節などを学ぶのによいとブラジルでも人気が高い。

フランスのように、いまや日本よりも盛んなのだ。

一説によると、競技人口は日本17~18万人、フランス60万人、ブラジル200万人とも言われる。

柔術、ルタリブレのみならず柔道までも……。組み技大国ブラジル、その地位は揺るがないようだ。

家族の次は、ノゲイラが世界中を巡った写真が出てきた。

「今まで訪れた国でどこが好き?」

「イスラエルと日本」

即答である。日本は分かる。彼の人生が変わった地だ。知名度がぐっと上がったという意味で、修斗の世界チャンピオンになったことは大きい。それは外せないだろう。敗戦の記憶もあるが、いい思い出のほうがはるかに多いのは間違いない。

さて、イスラエルである。

「イスラエルのどこが良かったの?」

何か言っているのだが、発音が難しくてなかなか理解できない。何度も言ってもらう。

「イェルサレム」聖地エルサレムか! そうだった。彼は非常に敬虔なクリスチャンなのだ。

あるとき、雑誌「ナンバー」の仕事でブラジルへ撮影に訪れた際、ノゲイラに連絡して会う機会があった。用事があるというので、付いていったら教会だった。もちろん一緒に暮らしていたときから、彼の言動のそこかしこにクリスチャンである様子は窺えたが、実際に一緒に教会に行ったのはそのときが初めてだった。

私がいようがいまいが関係なく、神父と、ジーザスに向かって神妙な表情でかしずく姿を覚えている。年齢を重ねるにつれて年々その気持ちが深まってきているのかもしれない。

といいつつも、イスラエル軍の戦車の上に乗ってはしゃいでいる写真を嬉しそうに見せてくるところが、こいつらしい。相変わらずお茶目な奴だ。変わってほしくない部分でもある。

リオ郊外のファベイラに想う

車はリオ・デ・ジャネイロの中心地、セントロに向かって走っている。飛ばしたいのだろうが、渋滞でそれは叶わない。

バイクのときはひどかった。スピードを出しまくって、車の間をすいすいと抜けていく。こうして言葉にすればスマートな感じがするが、とんでもない。時速100キロで、まともな運転手がそういるとは思えない車たちのあいだをすり抜けていくのだ。思えばあのときに死んでいてもおかしくはなかった。

そうだ、ノゲイラの後ろに乗った時点で、すでに私は命という信用を預けていたのだ。それが私とあいつの関係性、少々時間に遅れてきても、そんなことで揺らぐことはない。しかし、その点、車はいいなあ、安全で。道が混んでいれば飛ばしようもないから。

思えば本当にいろんなことを経験させてもらった。

格闘技（ルタリブレ）はいうまでもなく、ブラジル人の暮らしや性分から、家族、恋人、友人たちとの付き合い方など、一介の記者としてだったら、とても踏み込めない部分まで教えてもらった。いや、なにも教えてもらってはいない。ただ一緒にいただけだ。でもそれがブラジルを知ることに直結していた。

セントロを抜けてようやく車が進み出した。この先にはアントニオ・カルロス・ジョビン国際空港がある。このへんからリオの郊外といって差し支えないだろう。ファベイラも多い。初めてブラジルを訪れた際、この辺り一帯に広がる赤茶けたレンガ造りの家々の景色に言葉を失った。得も言われぬ興奮を覚える一方で、大変なところに来てしまったのかもしれない、と尻込みした場所である。

あれから15年、感じ方は多少変わった。その何年か後には、まさにいま道路脇に広がっているファベイラをはじめ、いくつものファベイラに雑誌の取材で入った。当時の記録では、私が取材に入ったファベイラの年間死者数は、イスラエルのガザ地区のそれよりも多かった。まさに戦場といっても過言ではない。実際そこではライフルや手榴弾をもつ若者を何人も見た。彼らはファベイラの番人であり、よそ者を排除する門番だった。

今は詳しく分からないが、取材した当時のファベイラに住む男性の平均寿命は25歳だった。多くの若者がギャング同士の抗争やドラッグで簡単に命を落とす。

ファベイラに生まれた者が成り上がるにはふたつしかない。サッカー選手になるか、ギャングのボスになるかだ（今ではそこに格闘家も入るのかもしれない）。極端に聞こえるかもしれないが、平均寿命25歳という事実がそれを物語っている。

ファベイラで生まれ育ち、後にサッカーブラジル代表にまで上りつめたアドリアーノ・レイテ・リベイロの取材でファベイラに入ったとき、取材に同行していた日系ブラジル人コーディネーターに聞いた話が印象的だった。

ブラジル最大のテレビ局へジ・グローボが、あるときファベイラの取材を試みた。もちろん隠し撮りなどではなく、ファベイラのボスにきちんと交渉して許しを得ての取材だ。

当日ロケバスで、あるファベイラに到着し、スタッフ一同が車から降り、さて取材をはじめるかとカメラマンがテレビカメラを肩に担いだ瞬間、ライフルで丘の上から撃ち抜かれて死亡した。

リオ・デ・ジャネイロという街の大小さまざまな丘陵地帯からなるその地勢の特徴からか、リオのファベイラは丘ひとつがすべて同じファベイラで、その頂上にボスが住んでいるというケースが多い。丘そのものが、ひとつのコミュニティ、つまりひとつのギャング団だ。それゆえ、丘の上から常に見張りの者が、敵対する別のギャング団や警察などが侵入してこないかを双眼鏡などでチェックしている。

「撮影する」を英語で表現すると、シュート（撃つ）となる。

撮るのと撃つのは同じ単語だ。対象に向かって構えて射抜く。その行為が同じということだろう。

見張りからすれば、大型車で一団が襲撃にやってきて、まさに肩に担いだランチャーか何かで撃たれると思い、やられる前にやらなければと、先に撃ち抜いたという顛末のようだった。いつ敵が攻めてくるか分からない、それぐらいファベイラという場所が常に緊張状態にあることを示唆している話だ。昔のテレビカメラは大きかったから、余計に武器に見えたのだろう。といってもわずか10年前の話だが。

そういうことがあったから、とにかく気をつけるようにと言われた。

その後の取材で、それはけっして大袈裟な注意ではなかったと実感した。あるファベイラの入口ではライフルを手にした者たちに検問され、また別のファベイラでは町の壁に残る多くの銃痕を見た。私を見つめながら手榴弾でお手玉をしていた若者の姿が忘れられない。

カメラマンという人種は放っておいたら何をしでかすか分からないとでも思ったのだろう、案内役として手伝ってくれたアドリアーノの叔父さんから、とにかく自分の側を離れるなときつく念を押された。きちんとした取材交渉をして、ファベイラで生まれた住人が付いていてもそれだ。それがリオ、それがブラジルということだ。

もちろん市井の人々は安易にファベイラなどには近づかないので、ブラジル全土がこういう感覚で暮らしているわけではない。が、これもブラジルということだ。

ハイウェイの左右に広がるファベイラの光景を眺めながら、そんなことを思い出していた。

ノゲイラ経営のアカデミーへ

ほどなくして車は高架を降りた。ジアノポリス。初めてくる場所だ。

ファベイラではないが、といって治安がよさそうなわけでもなく、中流かそれ以下の人たちが暮らす下町といった風情である。特別な光景が広がっているわけではない。目に入るのはビル、道路のコンクリートな灰色の町並み。しかし私のような訪問者はその当たり前の光景に逆に魅かれたりもする。平均的ブラジル人の暮らし、観光客にはけっして触れることのできない営みがここにはある。ルタリブレのアカデミーがあるのに相応しい場所に思えた。夜だからか、通りを行き交う人は少ない。

ある街灯の前で車は止まった。「ここだよ」とノゲイラがつぶやく。正直、殺風景なところだ。幹線道路からも外れている。いくつか商店が軒を連ねる一画にそれはあった。ギロチンチョークをかけるノゲイラのイメージが入口の扉に大きくペイントしてある。大きなアカデミーではないが、ここがノゲイラの城なのだということがひしひしと伝わってくる。期待を裏切らない場所にある彼らしいアカデミーだった。

ここではルタリブレだけではなく、空手、柔道、ムエタイ、柔術、レスリング、ＭＭＡとあらゆる格闘技が学べ、それぞれに先生を雇っている。正確に言うならば、ルタリブレで使わない空いている時間を有効活用するために、他の競技の先生に貸してレンタル料を取っているわけだ。ノゲイラがオーナーである。我々が到着した時間はキッズの柔術クラスが行われていた。ここでは週に3回ルタリブレを学べるが、彼は1回しか教えにこないとのこと。他のクラスは弟子が教えているようだ。

うまいことやり繰りしている。闘うこと、強くなること以外にたいして興味を示さなかったあの青年が、経営者になったのだ。子どもから大人になったのだな。あの頃とやっていることが変わっていないのは私だけのようだ。いまだにそろばんを弾くこともせずに生きている。この年齢になると褒められたことではない。ともあれペケーニョは一国一城の主になった。たいしたものだ。

ノゲイラ指導によるルタリブレのクラスがはじまった。

総勢6名でスタート。普段はもう少し多く集まるとのこと。世代としては20代が中心か。さすがは裸でやる競技だ。みな若い。ルタリブレは裸の柔術とも言われ、基本的には相手を倒してポジションを奪い、体を制して最後に極める。柔術とのちがいは、ざっくり言ってしまえば道衣を着ているかどうかだけだ。細かいテクニックの面では差異も少なくはないが、相手を組み伏し倒すという大きな流れとして見た場合、似ている。実際柔術家も時折、衣を脱いで練習することもあるし、ブラジリアン柔術連盟主催による「ノーギ」というカテゴリーの競技もある。それなどはまさにルタリブレと大差ない。

柔術家にとっては、軟式テニスか硬式テニスかのちがい、もしくはサッカーかフットサルのちがい程度のものではないだろうか。普段衣を着ないルタドーラ（ルタリブレ競技者をそう呼ぶ）にとっては、少し戸惑う部分もあるかもしれない。衣を利用した技が多くあり、それを掴んで容易にコントロールされたりするからだ。

反面、ルタリブレはパワー、スピード、スタミナなど、より強いフィジカルを必要とする傾向にある。お互い掴むものがないのでスリップしたりして制するのが難しく、動き続けることになるからである。そのため隙ができやすく、極めにつながりやすいという特徴もある。柔術家がノーギ（ルタリブレ）の練習をすることは、「極め力」を養い、動物的感覚ともいえる感性を磨くことにつながるはずだ。

野生が宿るというか、言葉は悪いが野蛮になる。やはり極力肌を外に晒《さら》さず体にまとっているものがあるほうが、人間は人間足りえるのだろう。おそらく格闘技だけの話ではないはずで、理性は服に宿るのだ。

みんなでアップしてからテクニックの練習に移る。

そしてスパーリング。予想どおり、お互いに首を取り合う。

衣を着ていないぶん、ルタでは首を制すことが重要となる。相手をコントロールすることにもなるし、うまくいけばそのままギロチンチョークで極めることができる。ルタの特徴はギロチンチョークのバリエーションの豊富さにある。相手のタックルを切ったとき、クローズドガードからヒップスローをかけた後、あるいは相手がハーフガードから潜ってきた場合などといった、よくあるケースだけではなく、あらゆる場面から仕掛けてくる。

とりあえずギロチンいっとこ、みたいなものである。

極められなくてもいいのだ。そこから組手を優位に進めていく。

というわけで、実力差があると首ばかり極められてしまう。

あとは、柔術に比べ上からのアタックが主なので、タックルも重要となる。見ていると、15年前よりその傾向がより顕著になった気がする。崩して倒してガッと極める。簡単にいうとこれがルタリブレだ。男っぽい。

ルタドーラから柔術家へ

私の寝技のキャリアは27歳のとき、滞在中のニューヨークで出合ったブラジリアン柔術が先だが、帰国してからはレスリングにはまり、その後、渡伯してのルタリブレ、日本に帰ってのグラップリングと、5年間ぐらい衣を着ないでごろごろと極め合いっこをやっていた。

ふたたび衣に袖を通したのは撮影で訪れたブラジルで、滞在していたコパカバーナのホテル近くで柔術アカデミーを偶然発見したのがきっかけだった。久々にちょっとやってみようと思い、訪れた。

道衣を着たのは久しぶりだったが、さすがに5年もグラップリング（ノーギ）をやっていたので、白帯、青帯には普通に勝てて、紫帯ともそこそこ渡り合えた。

1週間ほど通って、「おまえは白帯ではない」と黒帯の先生から言われたので、「じゃあ青帯を巻いてもいいか?」と尋ねたら「いいよ」という。よし、日本に帰ったら青帯を巻こう、せっかくだから柔術道場にも入門するかと、今も所属する早川光由さんが率いるトライフォースの門をたたいた。あれからもう12年になる。

柔術をはじめたにもかかわらず、入門当初の私の口癖は、「男はやっぱり裸だ。ぶつかり合ってぐわっと極め合ってなんぼ」というもので、当時を知る者からは、それを今でもたまに言われる。

柔術みたいにねちねち、ごろごろするのはかったるいと思っていたのだ。トライフォースに入ったはじめの1年間は、その前に所属していた総合格闘技のジムと掛け持ちをしていた。衣ありと、衣なしを並行してやっていたのだが、次第に柔術をやる回数が増えていき、結果的に1年後、柔術に専念することになった。

それでも本当に柔術が面白くなってきたのは、紫帯を締めるようになってからだ。それまでは、衣こそ着てはいるが、〝なんちゃって柔術〟というか、結局グラップリング(ノーギ)の技術体系で柔術をやっていたにすぎない。衣を着ているだけのルタドーラだったわけだ。その感覚が抜けるまでに3年かかった。

今では柔術のほうが断然面白いと感じている。それが15年前の自分とはいちばん異なる点かもしれない。ルタドーラだった私は、柔術家になったのだ。

2016年の格闘家ノゲイラ

10年ぶりに見るノゲイラは、変わらずルタドーラだった。体重が若干増えたせいか少しスピードが落ちた感はあるが、相変わらず強く、生徒たちをねじ伏せていく。得意のギロチンも健在だ。

ただやはり切れ味の鋭さは若干曇ったかもしれない。以前のギロチンが、触れたものすべてをスパッと斬る日本刀だったとすれば、今のギロチンは太く短くガツンと威力でもっていく中国刀のようだ。ねじ伏せる感じ。

正直にいえば、前のほうがかっこはよかったが、強さ自体に翳《かげ》りはない。たいしたものだ。印象がキレから重みに変わった。

スタミナは若干落ちたか。まあでもこれは試合前になって節制に努めれば元に戻るレベルだと思われる。以上、少し厳しい物言いに聞こえるかもしれないが、裏を返せば、私の頭の中にいるあの頃のノゲイラがすごすぎるのだ。どんな相手と、どれだけスパーリングをしようとも乱れたことがなかった。あらゆるタイプの柔術家が集い、当時、最も充実していた最強集団ブラジリアン・トップチームへ出稽古に行ったときでさえそうだった。

自分と同じサイズ、自分より大きい相手、誰とやっても彼はアレッシャンドリ・フランカ・ノゲイラであり続けた。乱れたことは一度もなかった。打撃のないグラップリングだけということであれば、当時ブラジルで5本の指に入ったのではないだろうか。65キロのあの体で。

極められたり、攻め込まれたりした姿をただの一度も見たことがない。息すら乱れない。少しハアハアいってもすぐに戻る。それがアレッシャンドリ・フランカ・ノゲイラだった。

いま目の前にいるノゲイラに、その当時の眩ゆいばかりの輝きはない。でも普通に強いだろう。たいがいの奴はやられる。それは間違いない。それが私の見た、２０１６年のノゲイラだった。

それをこの日で確認することができて嬉しかった。

ロマンを誘う世界を巡る格闘家

ルタリブレが変わらずブラジルで存続していることも喜ばしかった。

むしろ15年前よりずっと盛んになっていて驚いた。

日本にルタの道場がなく、アメリカにもニューヨークにしかないため、たまたま両国で話題になっていないだけで、ヨーロッパと中南米では精力的な活動を展開していることを初めて知った。日本にいて日常的に得られる情報の大半が、アメリカと近隣アジア諸国のものに偏っているという証でもあろう。

この道場にはマットスペース以外にもうひとつ部屋があって、そこには3段ベッドがふたつ置いてある。ブラジルの地方や他の国から出稽古にやってきた者が泊まれるようにしてあるのだ。この日は誰もいなかったが、２

カ月前までは利用者がいたらしい。チリ、ペルー、メキシコ、フランスなどから来るそうだ。宿泊費のことは聞かなかったけれど、ノゲイラのことだ、おそらく取っていないんじゃないだろうか。

過去にはフランスから40人もの大勢で出稽古に来たことがあるらしく、ニコラス・ヘンリエというヨーロッパチャンピオンが師範を務めるパリのアカデミーには300人の生徒がいるそうだ。

ヨーロッパでの中心地はドイツとフランス。ドイツには弟のレオナルドがいるという。私が知る当時のレオナルドはまだ15歳の少年だった。そんな彼も、今や兄と同じくルタリブレの顔である。

ノゲイラに会いにいったのは5月だったが、8月の末から9月にかけてふたたびブラジルへ行くことを決めた際も、タイミングが合えばもう一度ぜひ彼に会いたいと考えていた。

しかし、うまく連絡がつかず、結局会うことはできなかった。

帰国後、フェイスブックでノゲイラのタイムラインを見てみると、9月にはメキシコ（プエブラ、メキシコシティー）に2週間ぐらいいたらしい。私がブラジルにいた時期と重なる。その後も、10月からはドイツ（ハノーファー）~フランス（パリ）~ドイツ（ボルシア・メンヒュングラートバッハ）へ行っている。レオナルドはこの時期、ロシアでセミナーを行なっていたようだ。11月はフランス（パリ）~ウクライナ（キエフ）~フランス（モナコ、マントン）~ドイツ（ベルリン、ハノーファー、デュッセルドルフ、ハノーファー）と、約2カ月間ヨーロッパを回っている。

全然ブラジルにいないのだ。その事実に、こうして原稿を書きながら改めて驚かされる。

各国へセミナーに赴いて稼ぐ、世界ルタリブレ連盟の会長としてルタの普及に努めるなど、仕事とはいえ、いやいや、楽しみすぎではないだろうか。よく彼女が許しているよ。5月の時点で、生後5カ月の赤ちゃんと言っていたから、今はもう1歳。いちばん可愛くて、育てるのも大変な時期に2カ月も家を空けていたわけだ。いい奥さんをもらったな。

フェイスブックには、セミナー終了後、にこやかに生徒たちと会食している写真もよくアップされている。そりゃ語学も上達するよ、という話である。

フランス語はポルトガル語と同じラテン語系だから理解しやすいとしても、ドイツ語はちがうだろうし、ましてやウクライナの言葉は話せないだろう。当然英語を話す機会も増える。

夢のようではないか。格闘技（ルタリブレ）という己の才覚と体ひとつで世界を旅する。

世界中の人々と格闘技で対話する。

すごい男になったものだ。

笑顔の可愛いギロチン馬鹿（いい意味で）だった青年が、今ではヨーロッパの生徒たちから「レジェンド」と呼ばれ、請われて一緒に写真に収まっている。こんなに喜ばしいことはない。そういうことを確認できるのもＳＮＳのいい点だなと思う。


格闘技で世界を巡る。ある種、男のロマンだ。

誰にでもできることじゃない。

かつて日本にも、同じように世界を相手に堂々と体ひとつで渡り歩いてきた男たちがいた。

１００年前の前田光世、そして後にベレンで出会うことになるあの男もまた――。

MetrôRio

Embarque
Central
oi

LANCHONETE E PASTELARIA GOLD DRAGON

Vcc Eletrônica
693
693
LUTA LIVR

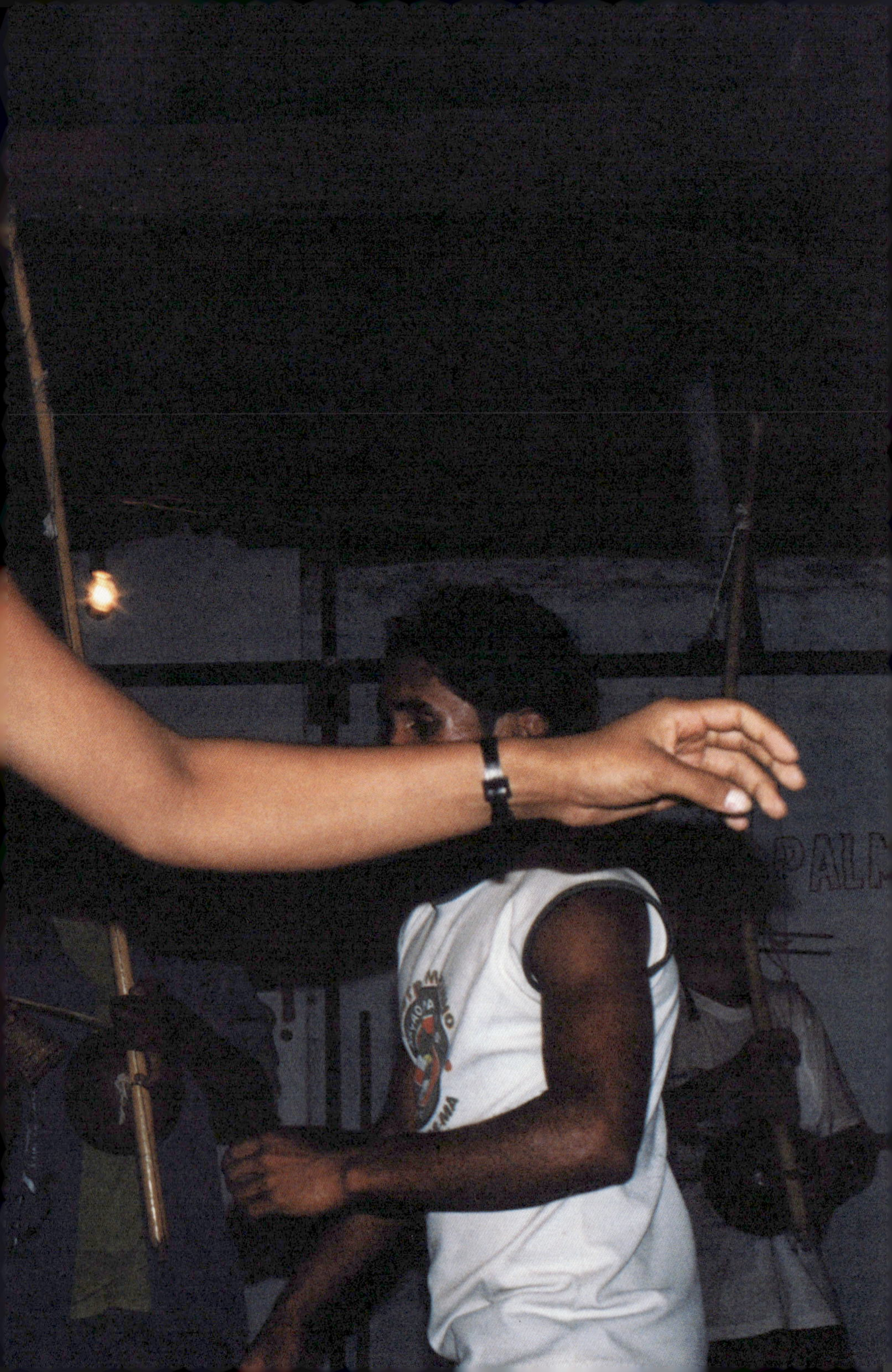

MIZINHO
NAÇÃO PALMARES
CAPOEIRA
BARREIRINHAS-MA

SCHINCARIOL
NOVA SCHIN
JIU-JITSU

AGORA AQUI NA VILA
DENTISTA
ESTR. JOSÉ RUCAS 1065
DIA
10
SET.
MARCUS VINICIUS
NA RUA AYMORE 97

WorldSize

cogumelo

ACADEMIA
CHAMP

III

ブラジル最北の柔術道場

ボア・ビスタ

Boa Vista

辺境の地に生まれた計画都市

山が見える。右手にも左手にも。

リオ・デ・ジャネイロにあるような岩山ではなく、ブラジルにも普通の山があるのか。

果てしなく続く平原の向こうに遠く見える山。なんだか北海道のようだ。

視界に人工物はほとんどないが、まっすぐに延びる道に並行して電線が走っている。

こんなところにまで人の手が及んでいるのかと、人間の営みのすごさを思い知る。

ボア・ビスタに向かう高速バスの狭い座席で迎える朝。

もうすぐ日が昇る。


アマゾンの北側に位置するブラジル最北の州ホライマの州都ボア・ビスタは、人口29万人。

住人以外はほとんど訪れる者のいない、ブラジル主要都市の中で唯一赤道より北に位置する街である。

来伯12回目にして初めて訪れる。

いったいどんな景色が広がっていることだろう。

訪れた8月は、すでに雨季が去ったこともあり、滞在中はずっと晴天に恵まれた。

湿気もマナウスよりは少なく、心地良い暑さだ。南国和歌山に生まれ育った私は夏が大好きだ。

空が広くカラッとした空気に包まれたこの街がいっぺんに好きになった。


人類発祥の地アフリカから東へ移動してきた私たちの祖先モンゴロイドは、一部がアジアに定着し、別のグループは北上してロシアからアラスカへ向かった。当時、陸続きとなっていたベーリング海峡を伝ってアメリカ大陸を南下し、ついには南米にまでたどり着く。

以来、１４９２年にコロンブスが新大陸を発見し、スペインやポルトガルが中南米を支配するようになるまで、アメリカ大陸には我々アジア人に近いインディオしか住んでいなかった。ヨーロッパからブラジルに船でやってきた白人たちが、沿岸部から陸地へと徐々に侵攻していく過程で混血が進んだが、最奥部ともいえるアマゾンにはなかなか手が及ばなかった。

けっして住みやすい地域ではないため、19世紀に天然ゴムやコーヒー豆、ジュート（麻）栽培の集積地として拓かれるまで、白人の定住者は多くなかったという。そのためかブラジルの他地域に比べ、アマゾナス州の州都であるマナウスの人々には、先住民であるインディオの面影が色濃く残っている。

隣のホライマ州もきっと似たような感じだろうと思っていたら、ボア・ビスタにはインディオだけでなく白人の姿も多く目につき、少数だが黒人もいる。

地図で見ると南米大陸の最奥部にして、ブラジル最北端、むしろベネズエラに近い辺境の地なのだが、街の雰囲気はこざっぱりとしていてどこか垢抜けている。もっと田舎で土臭い、土着的な場所をイメージしていたのに。規模はそう大きくはないが、むしろ洗練された都市といった印象だ。

それは車の運転にも表れている。

ブラジル人はたいてい運転が荒い。日本ほど横断歩道がないので道路を横断する際は、相当気をつかう。ものすごい勢いでビュンビュン走ってくるから、当たったら間違いなく吹っ飛ばされるだろうし、そもそも車のほうで止まる気がない。当たったほうが悪いというやつだ。それがブラジルのルール、そう思っていた。ところがボア・ビスタでは、あろうことか3台に1台ぐらいの割合で、道路横断時に車が止まってくれる。信じられない！　そもそもスピードをそれほど出していない。

なぜこうもちがうのか。なにか街全体がギスギスしていないように感じる。道も綺麗でゴミもあまり落ちていないし、それを反映してか治安もそれほど悪くないようだ。経験上、ゴミが散乱しているような汚い街は概して治安が悪い。これはブラジルに限らず世界共通ともいえよう。

ボア・ビスタは首都ブラジリアのように計画都市として作られた街である。

だから、大学、病院、劇場、スタジアムなど、必要なものはおよそ整備されているのだと後に知った。

ホライマ・トップチームの名に惹かれ

一般的なブラジルのイメージとは少々趣の異なるこの辺境の街に、はたしてブラジリアン柔術の道場はあるのか。あったとしたらどんなところなのか。それを確かめにいこうと考えていた。

インターネットで分かったのは、グレイシーバッハの支部と、ホライマ・トップチームというアカデミーの存在だった。グレイシーバッハは世界中に支部があるビッグアカデミーだ。リオの本部道場へ行ったことがあるし、ある程度どんなものか想像できる。

だから、できればホライマ・トップチームに行ってみたかった。

ホライマ・トップチームはフェイスブックに自分たちのページをもっていた。ただ情報は極めて少ない。写真や記事はほとんど掲載されておらず、電話番号がひとつと住所がふたつあるだけ。

片方の住所は宿泊先のホテルに割と近かったので、スマートフォンの地図アプリに住所を打ち込んでみた。今回は日本からルーターをもってきたので歩きながら探すことができる。

しかし目星をつけた辺りには、それらしきものはなかった。

電話を掛けようにも、私はポルトガル語が話せない。今までの経験から、おそらく相手は英語が話せないだろうという気がしていた。まあいい、きっとなんとかなるだろう。

しかしだ。わざわざ「トップチーム」と名付けるからには、「トップ」という言葉にこだわりがあるのだろう。普通に考えれば、トップを目指しているか、トップであるという自負を持っているかのどちらかだ。どちらにせよ、前向きでいいじゃないか。なにしろあのアントニオ・ホドリゴ・ノゲイラを擁して世界を席巻した名門アカデミー、ブラジリアン・トップチームと同じネーミングなのだから。

リオで〝ペケーニョ〟ノゲイラと通ったブラジリアン・トップチームでの懐かしい日々。

私にとって、「トップチーム」で体感した超一流たちのまぶしいオーラは、今なお特別なものだ。

結束の堅いグレイシー一族を向こうに回し、バーリトゥードを意識した最強柔術家集団として、彼らは最先端の技術に日夜磨きをかけていた――。

＊

ブラジル最大の格闘技集団

ブラジリアン・トップチームとは、カーウソン・グレイシー柔術アカデミーから離脱したマリオ・スペーヒー、ムリーロ・ブスタマンチ、ヒカルド・リボーリオらを中心として結成された、ブラジル最大にして最強の、柔術をベースとした格闘集団だ。ＰＲＩＤＥヘビー級王者、アントニオ・ホドリゴ・ノゲイラと彼の双子の弟ホジェリオも所属している。リオ・デ・ジャネイロの南西、ラゴア地区のアベベ、高級リゾート施設内の一画を使って練習している。これまでに見たブラジルのアカデミーのなかではいちばん広く、また、選手の数も多かった。

最初に訪れた２００１年3月の時点では、アラン・ゴエス、ビクトー・ベウフォート、ヒカルド・アローナ、パウロ・フィリョなどもここでトレーニングしていた。

ブラジリアン・トップチームといえば、バーリトゥードのイメージ一色だが、競技柔術にもしっかりと力を入れている。今回私が滞在していた時期（２００１年10〜11月）は、柔術のブラジル選手権の直前だったため、トップチームにも道衣を着て柔術の練習に励む選手が多くいて驚いた。

ざっと見て50人はいるだろう。前回の訪問時（3月）は、20人程度だったのに。

ヒカルド・リボーリオが発する号令の下、道衣を着込んだ50人の強者が一斉に動くシーンは圧巻だ。ウォーミングアップにはじまり、打ち込みからスパーリングまで、すべて彼の指示どおりに練習は進んでいく。

リボーリオの統率力はなかなかのものだ。

ストップウォッチ片手に、ときにはホイッスルを吹きながら、大声で次々と指示を出していく。

誰もそれに逆らおうとはしないし、無駄口などを叩く奴もいない。驚くべき一体感だ。

凝縮された濃密な時間があっという間に過ぎていく。長時間ダラダラとやるのではなく、90分くらいバッとやって、バッと終わるといった感じだ。時折入る休憩のあいだでさえ指示が飛ぶ。

「ほら、休憩だぞ、休憩。水飲んでこい。早く行け！」

当然、休憩終わりにもリボーリオの大声が響きわたる。

「おまえら休憩終わりだぞ、終わり。集まれ、練習はじめるぞ。早く集まれ！」

私から見ても、リボーリオは魅力的な人物だ。声がデカくて渋めなところもまたいい。

こういうのをカリスマ性があるというのだろう。

みんなが彼を信頼しているし、また尊敬もしている。そうでなかったら、あんな一体感は生まれないはずだ。

ただし、少し意外にも感じた。

今まで見てきたブラジルやアメリカのアカデミーは、もっとこう、フランクというか自由な空気感がアカデミーに漂っていた。個人の裁量にまかせているというか、練習したい奴がしたいときにする、といった雰囲気が大勢だった。それに比べて、トップチームの柔術練習は、まるで日本の大学の柔道部やレスリング部のそれのように感じられた。

意外な立ち技練習

見ていて気がついたのは、思ったよりも彼らが立ち技の練習に力を入れているということだった。

立ち技とは、いわゆる柔道の練習だ。

そこでは投げ技の打ち込み、立ち技のみのスパーリングなどが行われていた。

比率としては、寝技と立ち技が半々といったところか。ブラジル選手権前だからという事情もあるのだろうけれど、それにしても、こんなに立ち技の練習をしているなんて驚きだった。

日本の柔術アカデミーはそうではない。練習時間の大半は寝技に当てられている。

スパーリングにしても膝立ちからはじめることが多いので、立ち技の練習にはあまりならない。

したがって立ち技の技術に関しては、柔道やレスリングの経験があるかどうかという、個人のキャリアにおうところがどうしても大きくなる。それらの経験がない場合は、柔道場や大学のレスリング部などに出稽古に行くなど、個人でスキルを磨くしかないのが実情だ。

なぜ日本のアカデミーが積極的に立ち技の練習をしないかというと、どうしてもブラジルとは寝技の力量に差があるので、まずは寝技からという意識が先に立っているからだろう。優先順位の問題として、立ち技の練習にまでなかなか手が回らないのだ。

本格的に柔道をやった経験がないので、トップチームの面々のレベルがどれほどのものなのかは正確には分からない。しかし、少なくとも私の目には、彼らの立ち技のレベルはかなり高いように映った。

それにプラスして本職の寝技があるのだから、相手の土俵である柔術の試合で彼らを切り崩すのは、容易なことではないだろう。

本場ブラジルで勝つ困難さ

ブラジルは、日本と比べると、やはり寝技においては一日の長がある。

彼らブラジル人選手には、少年の頃から10年、15年と積み重ねられた技術と経験がある。

それに加えて、寝技だけでなく立ち技の練習にも、きちんと時間を割いている。

また、選手層の厚さも無視できない。現在のブラジリアン柔術の世界では、じつはブラジリアン・トップチームといえども、はかばかしい結果を残せていないのが現実なのだ。現在はグレイシーバッハ、アリアンシ、ノヴァ・ウニオンなどが柔術界のトップ集団で、それ以外にもグレイシーウマイタ他、まだまだ力のあるアカデミーは存在する。

こうした熾烈な状況のなか、ブラジル人でない者がその壁を突き破るには、個人的によほど能力が突出していないと難しい（過去一度だけ、アメリカ人のB・J・ペンが本場ブラジルの黒帯の部で優勝している。彼はその後UFCへと活動の場を移した）。

もしくは、かなりレベルの高い柔道経験者が柔術に転向してきた場合には可能性はあるかもしれない。

そういった特異な経歴でもなければ、そうとうハードルは高いはずだ。

それはそうだ。仮に寝技で劣勢になるのは仕方がないとしても、立ち技でさえ主導権を握れないとなれば、もはや本場の柔術家に付け入る隙は見つけられない。これだけは誰にも負けないという核の部分をもたない選手は、ブラジルで勝つことは難しいのだ。

ブラジリアン柔術という山の頂は高い。ある意味、バーリトゥードよりも高いといってもいいだろう。

ペケーニョがトップチームの顔に

〝ペケーニョ〟ノゲイラは週に1~2回、トップチームに出稽古に行っている。ルタドーラである彼は、もちろん道衣は着ない。バーリトゥードの練習をしにいくのだ。

2001年3月頃からのことで、私が最初にブラジルを訪れていた時期と重なる。

今日では当たり前になってしまったけれど、当時はルタの選手が柔術ベースのアカデミーであるトップチームに出稽古に行くのは、画期的なことだった。

経緯はよく知らないが、トップチームのほうから、ノゲイラとクロマドに、一緒にトレーニングしないかと誘ったらしい。クロマドは一度行ってやめてしまったけれど、ノゲイラはその後もずっと通いつづけている。

ノゲイラにしてみれば、トップチームにはレベルの高い練習相手がたくさんいるし、当時の彼はサブミッションの練習が中心だったので、打撃やレスリングなど、バーリトゥードの練習をしているトップチームは、まさにうってつけの環境だった。

今ではもうすっかり打ち解けて、友人もたくさんいる。最初の頃は気をつかって道場の隅っこのほうにいたが、半年後には大きく様子が変わっていて、トップチームでもちょっとした顔になっていた。

練習も臆することなく、堂々とやっている。

ヒカルド・リボーリオとブスタマンチ

修斗での試合後、ノゲイラが久しぶりにトップチームに顔を出したときのこと。

一礼をして練習スペースに入っていくノゲイラを見つけたコーチのリボーリオが、

「おお、ペケーニョ久しぶり。みんなペケーニョが来たぞ。それ拍手、拍手」

拍手が一斉に起こった。

おそらく、試合に勝ったことと、単純にトップチームに久しぶりに現れたことの両方で歓迎されたのだろう。

パウロ・フィリョが来たときも同じような光景が繰り返された。

「パウロよく来た。みんなパウロ・フィリョが来たぞ。拍手！」

リボーリオはそういう男だ。ムリーロ・ブスタマンチだとこうはいかない。彼はいつもムスッとした面持ちで先生然としている。私は苦手なタイプだ。

バーリトゥードの練習も、柔術同様、一応ヒカルド・リボーリオが指示を出している。ただしバーリトゥードに関してはキャリア十分な連中ばかりだから、柔術の練習のときほどには口は出さない。

日によっては彼がいないときもある。そういう日は、みんなで率先して練習している。前回訪れた際にはムリーロ・ブスタマンチが指示していた。しかし彼は今回、アメリカのUFCに出場していたためいなかった。

そして残念ながら、マリオ・スペーヒーと〝ミノタウロ〟ノゲイラもPRIDE出場に備え、ブラジルをかなり早い時期に出国していたため、トップチームで会うことはできなかった。試合の1カ月くらい前にはアメリカに飛び、ある程度調整した後、日本に入るのだという。

トップチームの練習メニュー

バーリトゥードの練習とはいっても、特別なことはしていない。

まず最初に、ウォーミングアップを兼ねてアカデミー内を何周かランニングする。

次にこちら側の壁から向こう側の壁までのダッシュを何回か繰り返す。

トップチームの練習スペースはかなり広いので、ダッシュする距離はけっこう長い。

その後、ふたり一組になって、タックルの打ち込みや差し合いなどのレスリングの練習、そして向かい合って、ひとりがパンチを出し、もうひとりがそれをダッキングなどでよけるボクシングの練習、それからパンチをよけてタックルに入るまでの練習などをする。

このように、彼らはレスリングや打撃の練習にはかなりの時間を割いているけれど、寝技には特別時間をかけていない。寝技練習はスパーリングのみだ。このへんに、寝技のスペシャリスト集団の片鱗がうかがえる。

スパーリングは約束スパーだ。

練習スペースは四つの部分に分けられている。ひとつ目のスペースでは、テイクダウンまでのスパーリング。ふたつ目では、上は打撃を入れながらのパスガード狙い、下はその打撃とパスガードをディフェンスしつつのスイープ狙いまでのスパーリング。三つ目では、純粋な打撃のみのスパーリング。そして四つ目では打撃のミット、というような棲み分けになっている。1回ごとにお互いが逆方向にずれて相手を代えながらこなしていく。

リボーリオなど指示するコーチがいない日は、延々と寝技のスパーリングが繰り返されていた。

12時過ぎに練習がはじまり、2時間くらい経つと、ひとり、ふたりと練習の輪から抜けていく。最後の選手が練習を終えるのは3時くらいだ。集中して合同練習するのは2時間ほどか。ただし、なかには2時頃やってくる奴もいるので、アカデミー自体は4時近くまで開いている。

核となるもの――柔術

トップチームだからといって、何か驚くべきことをやっているというわけではない――そのことがとても印象に残った。たしかにレスリングや打撃の練習にはかなり力を入れているが、今のバーリトゥードの情勢から考えれば、それは当たり前のことである。そこで差はつかない。

２００１年3月の時点では、他のアカデミーではまだ本格的なレスリングの練習は取り入れられていなかった。

トップチームだけが先駆けていたので、「さすがだな」と思ったものだ。しかし、その半年後には、どのアカデミーでもレスリング的な練習をやるようになっていた。

トップチームの強みは、圧倒的な寝技技術がベースにあるという点に尽きるだろう。

核となる絶対的な技術があるというのは、それだけですごい武器だ。試合における戦略も立てやすい。

どうやって最終的にそこにもっていくか、ということだけを考えればいいからだ。

「自分の型にはめたら絶対に勝てる」という自信があれば、思いきり打撃にもいけるし、タックルも狙える。仮に失敗して倒れ、寝技の展開になったとしても問題ない。それこそが本来望むべき展開なのだ。

〝ミノタウロ〟ノゲイラの闘い方などは、まさにそれだ。

時代との追いかけっこ

初期のバーリトゥードは、プロレスラー対柔術家、空手家対柔術家のような、まるで異種格闘技戦の様相を呈していた。だから格闘家はまず、打撃もタックルも寝技も何でもできるコンプリート・ファイターをめざした。

でも、いつしかそれも当たり前のことになって、そこでは差がつきづらくなってきた。

そうなると次の段階は、すべてができたうえで「では核になるものは何か」「個人の才能のレベルはどうか」――そういう話になってくる。

まさに時代との追いかけっこだ。

バーリトゥードに限らずどんな世界でも、競技として高められるということは、そういうことなのだろう。

バーリトゥードは今まさに、そういう段階にまで到達したのだ。

＊

ボア・ビスタを選んだ理由

最初のブラジル行きから数年間はブラジルばかり撮っていた。

しかしあるとき、日本人の写真家でありながら自らの祖国日本を撮っていないことに気づき、私の足は山へ向かうようになった。日本は国土の76%を山岳地帯が占める、世界でも有数の山国である。それゆえ山を撮ることはすなわち日本を撮ることになると考え、30代後半から40代半ばにかけて、私は日本の山々を巡った。

そういう経緯もあり、しばらくブラジルとは疎遠になっていたのだが、２０１６年、ふたたびブラジルの地を踏むことになった。

ブラジル最北の州ホライマを訪れたのは、第一に、ブラジル国内において柔術がどこまで普及しているのか興味があったからだ。それを知ることは、ブラジリアン柔術の裾野の広さを知ることになろう。ひいてはブラジル国内のＭＭＡ人気を知ることにもつながる。

これまでリオ、サンパウロ、クリチバ、サルバドール、レシフェ、ブラジリア、マナウス、ディビノポリスと、さまざまな地で柔術に触れてきた。さらに奥地、国境近くの辺境地ではどうだろうか。

もうひとつの理由は、ブラジルの果てを見てみたいという単純な思いだ。何度も何度も訪れたブラジル、その大きさを改めて身をもって体感したかった。

そのふたつの要望に見合う格好の場所がホライマ州だったのである。

ベネズエラに隣接したブラジルの北の果て、目立った産業もなく訪れるべき観光スポットもない。当然情報も少なく、実際に行ってみなければ何も分からない。そこに惹かれた。

加えて、開かれた登山口はベネズエラ側だが、ホライマ山（スペイン語ではロライマ山）という山がある。山頂はブラジルとベネズエラ、ガイアナ3国の国境地帯になっているというではないか。おまけにその形状はテーブルマウンテンときている。サー・アーサー・コナン・ドイルの小説『失われた世界』の舞台となった山だ。たまらない。ホライマ州にある柔術アカデミーを訪れた後で、ホライマ山に登ろうと決めた。

ただし、山中5泊にはテント、マット、寝袋など本格的な装備が必要となる。カメラ機材と本来必要のない柔術衣までリュックに入っているから尋常ではない重さだ。スケジュール上も予備日はなく、ミスはできない。

ここ数年政治経済の混乱で治安悪化が著しいベネズエラへの国境越えもある。15年前、バーリトゥードのワンナイト・トーナメント「IVC14」の取材で訪れたときはそうでもなかったが、近年ベネズエラの首都カラカスは、戦地以外での殺人率が世界ワースト1位だという。

そんなわけで、ボア・ビスタではガイドを雇うことにした。

ホライマ・トップチームへ連絡

車とガイドの手配を頼んでいたホライマ・アドベンチャーズを訪ねた。ホテルからは徒歩10分だ。

対応してくれた女の子に、ホライマ・トップチームに連絡を取ってみてくれないかと頼んでみた。

すぐに電話を掛けてくれ、幸い相手が出たようで彼女はバンバン質問を投げかけ、笑い声を上げながらすごく盛り上がっている。いつ練習したいんだって聞いてるよ、と英語で教えてくれたので、できれば今日がいいなあ、と伝えてもらう。アカデミーはここから遠いし、普通の住宅地にあるので、バスで行くのは難しいらしい。

むこうが車で迎えにきてくれることになった。

おお、ラッキー！　話がトントン拍子で進んでいく。

この転がっていく感じが旅の醍醐味である。今すぐホライマ・アドベンチャーズまで来てくれるという。

20〜30分ほどかかると見込んだ彼女は、今度はもうひとつのアカデミー、グレイシーバッハにも電話をかけ出した。そっちも通じて、また話している。先方が英語が話せるとのことで、電話を代わり軽い自己紹介をした後、やはり練習するならいつがいいか、という話になり、明日の約束を交わした。

期せずしてブラジル上陸4日目にして、早速2日連続で柔術ができることになった。

ギャングのような風貌のブルーノ

その場でしばらく彼女と談笑していると、車のクラクションが聞こえた。

表に出てみると、想像していたよりも随分と大きな男がふたり車から降りてきた。そしていかつい。柔術家というより、ギャングスター、ルタリブレの雰囲気だ。

それがホライマ・トップチームのボス、ブルーノ・ホマオンとの出会いだった。

期待どおり、いやそれ以上である。これはきっと何かあるぞ。写真家の直感がそうささやく。

その反面、こんなデカイ奴らと絡んで大丈夫かという不安も頭をもたげる。ブルーノは身長180センチ、体重100キロの巨体。太っているわけではなく、鍛えた体でそのサイズだ。連れてきた弟子も同じようなもの。

46歳にして半分ポンコツの私には、きつい練習となりそうだ。

とはいえ写真家としては心踊る被写体にちがいない。行け行け、と頭の中ではゴーサインが明滅していた。

ホライマ・アドベンチャーズの彼女が通訳してくれて、お互い簡単な自己紹介をする。

ブルーノは34歳、弟子は25歳とのこと。

柔術の帯は何色かと尋ねてきたので、プレッタ（黒帯）だと伝えると、「おー」という雰囲気になる。

「柔道か?」と聞いてきたので、「ちがう、純粋にブラジリアン柔術の黒帯だ」と伝える。

やはり気になるようだ。分かる、分かるぞ。

出稽古に来た者の帯、実力というのは気になるものだ。

相手の実力と気性によっては、生徒や自らが怪我しかねないし、また何を教えたら良いのかというのも帯によって変わってくる。道場破りとはいかないまでも、やはり緊張はするものだ。生徒と道場（看板）を守らなければならないのだから。

私自身トライフォース柔術アカデミーで指導をしている身だから、その気持ちがよく理解できる。

じゃあ行こうかという空気になったが、いま私は道衣を持っていない。道場のものを貸してやると言ってくれたのだが、膝がよくない私はサポーターがないと怖くてスパーリングはできない。道衣とサポーターを取りに、彼らの車に乗ってホテルまで戻る。

お互いなんだかまだ奇妙な距離感で、車中だれも言葉を発しない。

予想どおり、ブルーノは英語がまったく話せなかったが、もちろん彼らは悪くない。ブラジルに来ていながらポルトガル語を話せない私が悪いのだ。

しかし……ニコリともしないな。

これはハードルが高そうだ。見た目どおりけっこう悪い奴なんじゃないか。

バラック仕立てのアカデミー

5分でホテルに到着。部屋から道衣を取ってきてふたたび車に乗り込み、道場に向けて出発した。

郊外に向かいひたすら突っ走っていく。ボア・ビスタの人は運転が優しいという話は訂正しなければならない。ものすごくぶっ飛ばす。期待にたがわず風貌どおりの荒っぽい運転である。サングラスをかけた強面の巨漢は、市内を出て道幅が広くなったハイウェイをさらにひた走る。

まだ会話はない。

ハンドルを握るブルーノが片手で自分の携帯電話を取り出した。自分に近寄れとのジェスチャー。どうやら私を入れて自撮りしたいようだ。パシャッパシャッと何枚か撮ると、それをすぐさまSNSにアップしている。

この間ずっと片手で携帯をいじり続け、ちょいちょい下を見ているのだが高速運転中であることは記しておかねばなるまい。

日本人が来たゼ、とでも書いているのだろう。

なんだそんなお茶目なところもあったのか。

このままずっと無口に張り詰めた雰囲気のままだったらどうしようかと思った。

どうやら私を威嚇していたわけではなく、緊張していたようだ。

地球の裏側の国日本から出稽古したいと突然言ってきて、そのくせポルトガル語もろくにしゃべれない年上の黒帯が相手だとしたら、ブルーノだってやりづらかろう。

ジェスチャーをまじえ、私も拙いポルトガル語で話しかける。このコミュニケーション方法には慣れている。アレッシャンドリ・フランカ・ノゲイラと散々やってきたことだ。まったく苦にはならない。多少時間はかかるが、あらかた齟齬なくコミュニケーションは取れるものだ。

前方に延びる夕日に滲んだハイウェイがとても綺麗だ。

幹線道路から外れて左に入ると、雰囲気が変わってきた。殺風景な住宅街が広がっている。低所得者層の住む地域だろう。未舗装の道路を右へ左へとしばらく進む。たしかにこの有様では、迎えにきてもらわなければたどり着けないなと納得した。明らかに住人しか足を踏み入れない地域だ。記憶するための目印になるような高いビルや目立った看板もない。特徴のない、赤茶けたレンガ造りの似たような家が続く。

不意に、とある住宅の前で車が止まった。ここか。やはり看板などはない。この家の中に道場があるのだろうか。車から降りてみて理解できた。なるほど、家の裏手が道場になっているのか。簡素な屋根が付いただけのバラックみたいな道場だ。日本ではお目にかかれない。もしかしたら自分たちで作ったのだろうか。

またすごいところに来てしまった。地球の裏側ブラジルの、そのまた端っこホライマ州ボア・ビスタの町外れ。きっと私は、ここを訪れた初めての日本人だろう。思えば、ブラジルではそんなところばかり訪ねている。

格闘技というキーワードだけが頼りだ。それだけでここまで来た。

道場を見ながら物思いにふけっていると、ブルーノが家に入って着替えろと言う。

遠慮なく中に入れてもらうと、間取りは広い1LDKといったところか。

これまでも何度かブラジル人のお宅にお邪魔しているが、貧しいと思われる家も含めて、テレビ、冷蔵庫、洗濯機など、たいていの生活必需品は揃っていた。ブルーノの家もそうだった。小さい子どもがふたりいるからか、ぬいぐるみなども目についた。

悪いと思いながらも、じろじろと眺めまわしてしまうのは写真家の性である。

MMA
GEAR

BRAZILIAN
TOP TEAM

黒帯を巻いての出稽古

柔術衣に着替えて表に出ると、次第に生徒が集まりはじめていた。

見たところほとんどが10代のようだ。

外の一画にたむろしていた集団に近寄って話しかける。日本人が珍しいから、みんな私に興味津々だ。でもやはり英語はしゃべれない。リオやサンパウロのような都市部の若者は比較的しゃべれるが、このあたりではそうではないようだ。家庭環境が影響しているのか。まあいい。柔術をするのにそんなことは関係ない。体を使った、まさに文字どおりのボディランゲージ、はじまればすぐに打ち解けるだろう。

ブルーノ先生の合図で道場内に集合する。ここからはブルーノ〝先生〟だ。

皆で整列。これは国を問わずどこの道場に行っても必ず行われる。ブラジルといえども、柔術は武道。礼儀が重んじられている。ある意味でジャパニーズスタイルなわけで、日本が世界に誇れる文化だと思う。

通常、黒帯の先生が前に出て、向かい合う形で生徒たちが帯順に横に並んでいく。一列の場合もあるし、道場の広さの関係で二列、三列となる場合もある。

今回は私も黒帯ということで、ブルーノ先生と並んで前に出る形となった。考えてみれば、黒帯を巻いてブラジルで出稽古をするのは今回が初めてだ。

そうか、こういうことになるのか。改めてブラジリアン柔術の黒帯の重さを知る。

このクラスの参加者は約30人。並んで挨拶をしたあとは、軽くアップ。

ここまでは他の道場とほぼ同じ流れだ。

そしてテクニックの練習に移るが、もちろんブルーノ先生が教える。

先ほどから感じていたのだが、道衣を着たブルーノ先生は、どこからどう見ても柔術家にしか見えない。そしてみごとに先生然としている。キマっているのだ。最初に受けたヤバいギャング風の男というイメージは雲散霧消した。柔術家は道衣を着てなんぼ。まして黒帯なのだ。何年着ていると思っているのだ、ということか。

日進月歩の柔術テクニック

さらに意外だったことに、体の大きさから受ける印象に反して、ブルーノ先生が教えるテクニックは柔らかくモダンだった。ベリンボロ的な回転系の動きが目をひいた。てっきり体格を活かした、きっちり抑え込んでからの極め、というような重みのある固いテクニックを想像していた。

こう言ってはなんだが、本場とはいえブラジルの隅っこ、国境地帯にある街ボア・ビスタの田舎道場だろうと、正直ちょっと甘くみていた。すみません！と心の中で思う。

ベリンボロとは近年もっともポピュラーな技のひとつで、競技柔術の今を表している技といえる。説明するのはなかなか難しいが、こんな感じだ。

ダブルガードと呼ばれる、お互いが足を投げ出して向かい合って座った状態から、目の前にある相手の足の腿裏に外側から自らの足を絡めてフックし、足首を掴んで、もう一方の手で相手の帯を握る。相手の足が右足の場合は、左足で絡め、左手で足首、右手で帯を掴んだ状態となる。帯は真ん中より少し右脇腹寄りを握るのがコツで、これでベリンボロのセットアップが完了となる。

この状態から自らの左肩をマットにつけて座っている相手の下、お尻に向かって潜っていく。肩から横回転していくようなイメージだ。相手は右半身を完全に制されているので、抵抗しなければ、その動きに誘導されて自らも回転することになってしまう。そうして崩れた相手を前に送り出してバックをとりにいく。

ざっくり言ってしまえば、座っている相手の下側から潜って背後にまわりバックをとる動き。それをスムーズに行うための、崩し技としての回転運動ということになる。仮にバックがとれなくても、崩した相手の上をとったり足関節を狙いにいったりと、さまざまな次の展開のオプションがある。

ブラジリアン柔術は日々進化をしている。そのスピードたるや追い切れないほどだ。

ルタリブレやＭＭＡのような裸の競技とちがい、衣を使えるブラジリアン柔術は技のバリエーションが格段に多い。何か新しい技や動きが開発されれば、それに対応できるようにと、また次の新たな展開が生まれる。

数年前によく使われた技でも、今では目にしないなんてこともしばしばである。

柔術とバーリトゥードの市場拡大

柔術がどんどん深化していくにつれ、柔術とＭＭＡは袂を分かつようになっていった。以前は、バーリトゥードや総合格闘技と柔術はほぼ同義語で、ほとんどの柔術道場がＭＭＡの練習も行なっていた。私が過去訪れた道場でそうでなかったのは、リオのグレイシーバッハ本部と、サンパウロのアリアンシ本部ぐらいだ。

しかし、今ではむしろ、打撃などの総合練習はやらない純粋なブラジリアン柔術のアカデミーのほうが多いだろう。

それだけブラジリアン柔術という競技の人口が増え、それに伴いレベルが上がったということだ。だから、ブラジリアン柔術の試合で勝ちたいのなら、その練習だけに専念しなければならない。同時に、柔術自体のマーケットが大きくなったので、柔術家として生きていける道も以前より広がった。かつては興行であるＭＭＡの大会に出場してプロとしておカネを稼ぐというのが、目標であり夢だった。本気で格闘技で生きていこうとするなら、その道しかなかった。

今は必ずしもそうではない。柔術家として名を成せばそれで生きていける。

逆もしかりで、ＭＭＡで勝ちたいのなら、衣を着て練習している場合ではない。

ボクシング、キックボクシング、レスリング、柔術とやることはたくさんある。

普段はブラジリアン柔術に集中して、試合前だけＭＭＡの練習を詰め込むという時代はとっくに終わっている。15年を経て状況が大きく変わったというわけだ。喜ばしいことである。

それだけ双方のマーケットが拡大したということなのだから。

若い生徒たちに技の手本を見せる

さて、生徒たちはみんな教わった技をなかなか器用にこなす。

印象としては、私が所属している道場トライフォースの生徒たちよりも動きが柔軟で達者だ。若いこともあるだろう。10代の彼らはまだ筋肉や関節が柔らかい。見たところ平均年齢は18歳ぐらい、いやもう少し若いかもしれない。

翻って、私が所属する東京のトライフォース道場は、おそらく35歳前後。

日本では、おそらくどこの道場もそれぐらいが平均年齢だろう。

キッズクラスにはそれなりに子どもはいるけれど、中学や高校に進学すると部活動中心の生活がはじまるので辞めてしまい、そのまま柔術に戻ってこないケースが多い。一方で、時間とおカネにある程度余裕のできてきた20代後半ぐらいからはじめたり、再開する人が多いので、どうしても平均年齢が上がってしまう。

そんな事情で、日本の道場にはもっとも成長が著しい10代半ばから20代半ばぐらいまでの生徒が圧倒的に少ないように思う。

ブルーノ先生が技をふたつ教えた後、あろうことか私にも何かテクニックを教えてやってくれと言う。

そうか、黒帯ってそういうことなんだと我にかえる。

ブラジルの道場でブラジル人柔術家に柔術を教える。これはすごいことだ。

オレ、写真家なのに……と自嘲気味に一瞬戸惑ったが、すぐに気持ちを切り替える。

せっかくの申し出だ、いい経験になる。

さて何を教えるか。まったく予期していなかったので、とりあえずベーシックなものを考えた。

サイドコントロールからニーオンザベリー、それを嫌がって押してきた手をすくって、相手を頭越しにまたいでの腕ひしぎ十字固め。もっともポピュラーな動きのひとつだが、綺麗に決まると美しい流れの技となる。ブルーノ先生にマットに寝てもらい技をかける。依然ほとんど会話は成立していないが、もはや我々の間には2時間前までのぎこちなさはない。

経験上こうなることとは分かっていたとはいえ、やはり新鮮な感覚。これが柔術の素晴らしさだろう。

ところがブルーノ先生は大きすぎて、私の右膝を彼のベリー（腹部、または胃）に置くと、厚みのあるその体とマットとの段差が大きいうえに安定がよすぎて、完全に私の膝下が乗っかってしまい左足が浮きそうになる。

通常日本では、テクニックを教える際にこれほど大きい相手にはかけない。

そもそもこんなに大きい人はそういない。

サイズがちがいすぎると技が綺麗にかかりにくく、うまく実行するのが難しくなる。あくまで技の練習は、実際の強さとは関係なく、技の習得に重点を置くべきなので、技を披露する際は、それを見て反復練習をする生徒たちのために、できるだけ分かりやすく、うまく綺麗にかけることが重要だ。

まあ贅沢は言えない。ブルーノ先生を相手に3回技をかけて、生徒にやってもらう。

普段回転系の練習をやっている生徒たちには地味かなとも思ったが、彼らは真面目にトライしてくれた。

ふたり一組になって教えられた技を掛け合うのだが、反復練習の時間や回数は決まっていない。

タイマーなども回していない。かなり長い時間やっていたので、皆疲れているように見えた。

でもここからだった、ボア・ビスタの洗礼を受けるのは。

汗だくのハードなスパーリング

次はスパーリングだ。今日のクラスには茶帯と黒帯がいなかったので、おそらくいちばん強いのは紫帯の青年マルセロ・マトスだと思われる。テクニック練習の時間、ブルーノ先生の技の受け役をしていたから、エース的な存在にちがいない。後で聞いたところ17歳だった。

身長もあるし体重もある。均整のとれた体だ。ブルーノ先生は、私の一本目のスパー相手に彼を選んだ。

旅ははじまったばかりだし、明後日にはホライマ山に登る予定もあるから絶対に怪我はできない。

それだけを主眼に置いてスパーをする。ディフェンシブに闘おうと、引き込んで下からはじめた。しかし、相手も座ったままなので最初はダブルガードの展開。お互い決定的な展開にはならない。

そうこうしていると気をつかってか相手が立ってきた。

しばらく彼が上、私が下からの攻防。どういう展開になったかは覚えていないが、一度私が上になった。パスガードを狙う。スピードを使ってがちゃがちゃとやりたくなかったので、相手の足を抑えにいく。足の力が非常に強くて、潰しても潰してもすぐに戻されて押さえ込めない。これがいちばん印象に残っている。決定的な局面がなく、1、2回攻守が替わってスパーは終わった。

ある程度は動いたが、60％ぐらいの力に抑えた。怪我をしないためにはこれぐらい力を抜いてやるに限る。こっちが100％の力で潰しにかかれば、相手もそれに呼応するから、お互いどんどんヒートアップしていく。スパーリングとはそういうものだ。といっても私は黒帯、下の帯の者には負けないスパーをしなければならない。

一本目でもはや汗だく。1日半飛行機に乗ってブラジルに来て、日付の変わった深夜に到着したマナウスで1泊し、その翌日、長距離バスに揺られて車内で1泊しボア・ビスタまでやってきた。もちろん席はエコノミーだ。ブラジル4日目の今日まで、約1週間ろくに体を動かしていないし休んでもいない。

だから、一本やっただけでかなり疲れがきた。

でも、疲労のいちばんの理由はそれではない。暑さだ。

赤道付近に位置するボア・ビスタは、雨季が明けたばかりということもあって連日連夜うだるように暑い。しかもこの道場には冷房などといった気の利いたものはない。それ以前に、屋根しかないバラック小屋の、いわば青空道場なのだ。

マナウスに比べればましというだけで、湿気も相当高い。

ましてや大きな体をした男らが30人で所狭しとくんずほぐれつやっているわけだから、その熱気たるや。かつて同じように暑い地域として知られるブラジル北東部にある街レシフェで柔術の練習をしたことがあるが、あのときとまったく同じ感覚だ。当時はまだ35歳だったが、いまや46歳となった身にはひと際キツい。

次の一本は休もうかと思ったら、ブルーノ先生が笑って「ほら行け！」と言う。やるしかあるまい。

私ぐらいの体格をした青帯の子が相手だ。疲れている私は完全に受けの体勢だ。若いし、相手が黒帯なので彼はがんがん攻めてくる。私を狩る気だ。

それでいいのだ。若い奴はそれぐらいでないとダメだ。そうやって向かってくる若者に、体調が万全でなかろうと対応できなくなったら柔術をやめるときだ。少なくとも黒帯の先生からは身を退くべきだろう。

さんざんしのいで最後の最後にひっくり返してパスし、抑え込んだところでスパーが終わった。省エネのおっさん柔術に徹した6分間。まだ14歳だと聞いて、疲れがどっと出た。

暑い。とにかく暑い。汗が止まらない。

四つん這いで壁際に移動し、次こそ休もうと座っていると、またブルーノ先生に呼ばれた。

マジかよ。いや、ちがった。主だったメンバーで写真を撮るらしい。練習が終わってからでいいではないかという疑問は湧いたが、正直助かった。

10人ぐらいで横に並んで記念撮影。たしかみんなは、その後もう一本スパーをしたが、私はブルーノ先生から指示が出ないのをいいことに、最後はやらなかった。

ふだんはどうなのか分からないが、この日は6分×3本のスパーだった。

ふたたび整列して挨拶をし、練習は終了となった。

賑やかなアドレス交換＆撮影会

この道場について特筆すべき点はふたつある。

まずは、この暑さのなかで普通に練習していること。ケンチ（ポルトガル語で「暑い」の意）とは口にするが、みんな私ほどには暑さに参っていない様子だった。

そしてもうひとつは、リオでもサンパウロでもない辺境地ボア・ビスタで、しかもけっして恵まれているとはいえない環境の道場にいる少年たちが、最先端の技術を普通に使っていることだ。私よりよっぽど〝今〟の技を使っている。思うにこれは、ネット環境が整ったことが大きいのだろう。どこにいようと無料動画で最新の技術を見ることができる。

オリンピックが開催されたこともあり、ずいぶんとブラジルのニュースが日本でも流れたが、その多くは治安が悪い、犯罪が多いといった情報だった。

とりわけ喧伝されたのは、スマートフォンが奪われるという話だ。ブラジルを訪れる人は気をつけろという警告であり、てっきり高級品のスマホの所有率自体が低いのだろうと思っていた。それがどうしてどうして、この道場にいるほとんどの若者がスマホをもっている。さすがにiPhoneは少ないようだったが。

練習後、みんなでスマホを片手に写真を撮りながら、フェイスブックのアドレス交換となった。日本人が珍しいからかすごい騒ぎだ。一緒に写真を撮ってくれとせがまれ、ちょっとしたセレブ気分だ。勘違いしそうである。日本にいるときはそうでもない女性がアフリカなどに行って突然モテるといった話は、きっとこういう感覚なんだろうな。

お互い日本語とポルトガル語が読めないのと、iPhoneとアンドロイドではシステムもちがうので友達になるのは大変だ。でも、こういうのは、やはり若い子は強い。ブルーノ先生も得意ではなさそうで、生徒にやってもらっている。アドレス交換&撮影会は1時間ぐらい続いた。

日本人が出稽古に来たことがよほど嬉しかったのか、ブルーノ先生は近くに住んでいる母親も呼んできて紹介してくれた。私は一応ブラジルでは「ジャーナリスタ」と名乗っていたので、自分のアカデミーが取材されるのは誇らしいのだろう。

私のやっていることで誰かがハッピーになってくれるなら、こんなに嬉しいことはない。

「ホテルへ送っていく途中でご飯を食べよう」

ブルーノ先生が誘ってくれた。奥さんと子どもたちも一緒に、とのことで、これは絶好の機会だ。ジェスチャーを駆使して、彼らからもさらにいろいろと話を聞いてみよう。

太陽が西の空に姿を消して、周囲はすっかり真っ暗になっていた。

街灯に照らされた通りはオレンジ色に染まり、そこを野良犬とニワトリが当たり前のような顔をして歩いている。日本ではもう見られなくなった光景だ。

このあたりは、リオだったらファベイラと呼ばれるような地域なのかもしれないが、危険な香りはあまりしない。それはここがボア・ビスタだからなのか、それともブルーノ先生と一緒なのでアウェイ感がないからなのか。おそらく両方だろう。

グレイシーウマイタの支部道場を発見

しばらく行くと、

「そこも柔術道場だよ。ちょっと寄ってみる?」

とブルーノが指をさして言い出した。

ホライマ・トップチームでの諸々の出来事で疲れていたが、行かないという選択肢はない。とりあえずすべてに乗っかる。私の稼業とはそういうものだ。

車を降りて、ブルーノに付いていく。ここもホライマ・トップチームと同じく、レンガ造りのオープンな仕立ての道場だった。やはり若い子たちが練習している。20人ぐらいいるだろうか。

先生は日系人かと思うくらい東洋人っぽい顔をしていたが、インディオ系だろう。やはりというか、案の定英語はまったく通じない。ブルーノと、かつてバーリトゥードで闘ったことがあるという。えっ⁉ そうなの。つながった。やはりブルーノもMMAの経験があったか。

聞けばブルーノはこれまでボア・ビスタで5戦したそうで、彼とは、あるトーナメントで闘ったらしい。ブルーノが勝って、そのまま優勝したのだとか。25歳のときだというから9年前か。MMA人気はリオやサンパウロ、クリチバのような主要都市だけではなく、ブラジル全土に広がっているのだと、ここでも裏が取れた。

驚いたことに、道場の壁に「グレイシーウマイタ」の文字を見つけた。なんとここはグレイシーウマイタの支部だった。グレイシーウマイタの本部道場はリオ・デ・ジャネイロのウマイタ地区にある。

エリオ・グレイシーの五男にして、ヒクソン・グレイシーの弟、ホイラー・グレイシーが統《す》べる道場だ。

その支部がボア・ビスタのこの辺境の地にあった。

どう説明したらその驚き、感慨が伝わるだろう。

日本で喩えるなら、北の端っこ北海道の稚内や、東の端っこ羅臼にある道場ということになる。しかし国土の大きさが比べものにならないから、全然意味合いが異なる。

ボア・ビスタはもっとも人口の多いサンパウロから、まずは飛行機で4時間半かけてマナウスまで行き、そこからさらに飛行機で1時間、バスだと11時間の辺境地である。日本でそれだけ時間をかければ東アジア全域に行ける。それほど広大な大地の北の果てにもグレイシーウマイタはあった。

明日訪れる予定のグレイシーバッハは5大陸に400を超える道場を持つ世界最大級の組織なだけに、ホームページもしっかりしていて、ボア・ビスタに支部があるのは容易に分かった。しかしウマイタの情報はなかった（後にボア・ビスタ市街にもウマイタ道場があることが判明）。

ベリンボロは当たり前の技

スパーリングを見せてもらう。

ホライマ・トップチーム同様、ここの生徒もほとんどが10代。

同じ地域にあるふたつの道場が似たような傾向にあることを知り、ふと思った。そもそも大人は金銭的、時間的に柔術をやる余裕がないのではないか。スポンサーが付いているトップ選手か道場経営者は別として、あくまでも柔術は趣味の域で、そんなことをしている暇があれば働けということなのかもしれない。

そしてもうひとつ共通するのが、ここの子たちも非常に動きが柔らかく、技も多彩ということだ。

白帯から難なくベリンボロを使っている。くるくると回っていく様は淀みなくスムーズだ。

これが世界のスタンドダードなのか。大都市にあるトップアカデミーではなく、ブラジルの辺境地にある小さな道場を訪れたことで、よりそれが浮き彫りになった。

今やベリンボロは、柔術をやっている者には当たり前のニースルーパスやオモプラッタのように、誰でもできることが前提のようである。私自身それまでは、自らが使えなくても対応さえできればいいと思っていたが、どうやらそうではないようだ。ベリンボロを数ある技の中のひとつとして苦もなく当たり前に使えること、それが2016年の柔術家。これは日本に帰ったら練習しないと、と見ていて切に思った。

この後、食事に行くし、ホライマ・トップチームでの練習の後ということもあったので、程よいところで見学を切り上げることにした。すると、さっきと同じように写真を撮ろうということになって、やはりひと騒ぎになった。とにかく日本人が珍しいようだ。

車中、ブルーノが先ほどのウマイタの先生と闘ったＭＭＡの試合をスマートフォンで見せてくれた。少し遠目からの撮影だったがきちんと録れている。

ふたりとも今より痩せていて、ウマイタの先生が打撃でがんがん攻めていく。映像を見ながらしゃべっていると、ブルーノが勝ち名乗りをあげるシーンを見る前に目的地に着いてしまった。たしか倒して上からのパウンドで勝ったと言っていたような気がする。

ブルーノ夫妻に取材を敢行

着いたのは、大きな公園の中にオープンテラスの飲食店がいくつか入っているような場所だった。

今宵は天気もいいので外は心地いい。

ブルーノが仕切り、まとめて注文してくれた。

ブラジルでよくある、肉、野菜、フェイジョン（豆）、米が一枚のプレートに盛られたものが出てきた。栄養バランスよく食べられて、比較的安価なのもいい。日本でいう定食みたいなものだ。私も昔から好んでよく食べている。肉と野菜の内容は店によって異なるが、たいがいハズレなく美味い。

むしゃむしゃと食べる。

上の男の子は11歳、下の女の子はまだ3歳だ。ふたりは公園の遊具で遊んでいたが、料理がテーブルに並ぶと戻ってきた。男の子はお母さんとプレートを半分っこしている。ブラジル料理は量が多いからそれで十分なのだろう。

男の子の名前はビチーニョ。もちろん柔術をやっている。女の子の名前はブレンタ。3歳ということもあり柔術はまだだという。奥さんの名前はキャロライン。歳はブルーノのひとつ下で33歳。ちなみに彼女も柔術は黒帯だ。黒帯夫婦の子どもたちは、きっとこの先えらく強くなるにちがいない。

あらかた食べ終えた頃合いで話を聞いてみる。ただし、ジェスチャー中心なので時間はかかる。


——ふたりはどこで知り合ったの？

「柔術をはじめる前にやっていたカポエラの道場で」

——カポエラはどのくらいやっていた？

「オレは7年、カミさんは2年だね」

ブルーノはそんなにやっていたのか。だからあの体重でも動きが柔らかいのかもしれない。

——柔術歴のほうは？

「オレが16年、カミさんは14年かな」

——先生は誰？

「オズワルド・アウベスの弟子筋の先生だったよ」

オズワルド・アウベスはビビアーノ・フェルナンデスやフレジソン・パイシャオンなどマナウス出身の名選手を何人も育てた名伯楽だ。ここボア・ビスタからもっとも近い大都市はマナウスなので、ブルーノはそこで習ったのかもしれない。もしくはマナウスからボア・ビスタに誰かが教えにきていたのか。細いところまでは言語の問題で詰められなかった。

——ホライマ・トップチームをはじめてどのくらい？

「2012年だから5年目になる」

——生徒は何人ぐらいいるの？

「キッズは150人、アダルトが70～80人ぐらいだね」

――さっき言っていたけど、キッズは無料で教えているんだよね？

「そうなの」と奥さんが答える。もっと話したそうだったが、お互い細かいニュアンスの言葉が出てこない。

――アダルトはいくら？

「60レアル」

私が訪れたこの時点でブラジルの物価は日本の三分の一ぐらいだったから、月謝2000円という感じか。

――ふたりは他に仕事をしているの？

「していないよ。柔術だけ。だから柔術を大人に教えて入ってくるお金がすべてさ」

アダルトが70～80人いるから、単純計算で14万～16万円。まぁ、家賃を払う必要がなければ十分か。それに2016年現在、ブラジルの最低賃金は880レアル（約2万6000円）だから、その点からみても不足はないのかもしれない。ただし、生徒がみなきっちりと月謝を払ってくれていればの話だが。

――何歳までキッズ扱い？

「17歳までだ」

けっこう大きな歳まで無料なんだな。


かなりいろんなことが分かった。ホライマ・トップチームの生徒の三分の二までがキッズ扱いの17歳以下。子どもたちも無料だからあんなにたくさん来るのだろう。お金を取り出したら急に数は減るかもしれない。

近所の子どもに自分たちの技術と経験を還元しているのは素晴らしいことだ。日本の道場も、高校生ぐらいまで無料にすれば若年層育成になるのかもしれない。もしくは月1000円ぐらいにするとか……。

支払いの段になり、お世話になったのでここは自分が出すと申し出る。

値段を聞いてびっくり。プレート1人前が6レアルか6・5レアルだという。つまり200円そこそこだ。安すぎる。ブラジル国内はいろいろ行ったが、こんな値段はめったにない。

これより安かったのはペケーニョに連れていってもらった店の4レアルだけだ。ただし、あれはもう15年も前のことだ。

それ以降、ＢＲＩＣＫＳ《ブリックス》の一国としてブラジルは飛躍的に国際社会での地位を上げた。当然物価も上がっていると捉えるべきだろう。ゆえに、この6レアルは恐ろしく安い。

しかし、ブルーノ夫妻にしてみれば自分たちがよく行く馴染みの店に連れてきてくれただけの話。

それがかえってリアルだ。彼らの生活水準がよく分かる。

最後まできちんと送ってくれ、ホテルの前で別れた。

数時間前に沈黙のなか抱いた不安が嘘のようだ。写真家としても柔術家としても、有意義な一日となった。

グレイシーバッハ・ボア・ビスタへ

翌日、グレイシーバッハにも行ってみることにした。

こちらはネット上に情報があるので助かる。そこに出ている住所をスマホ画面でタクシーの運転手に見せて、ホテルを後にした。昼の12時スタートのクラスに参加するつもりだった。

ボア・ビスタを訪れる観光客が少ないうえ、ましてや柔術道場に連れていってくれと頼む客もそういまい。

運転手は当初少し道に迷っていたが、10分ほどで着いた。予想どおり大きく綺麗な家が立ち並ぶ、リオでいうところのバッハ地区のような場所だった。閑静な高級住宅地という趣である。

もともとブラジリアン柔術は、金銭的に少し余裕のある人たちがやるものだった。

ブラジルの経済事情を考えれば、道衣ひとつとってみても決して安い買い物ではない。

そのうえ働きもせず、自ら月謝を払って衣食住とは関係のないことをやるのだ。余裕がなければできない。

また経営側の思惑として、あまり裕福でない地域でアカデミーを開いても、入門した生徒がきっちり月謝を払ってくれる保証はない。だから中流階級以上が集まるような地域で道場を開くのが賢明ということになる。

グレイシーバッハ・ボア・ビスタも、見事にその法則をなぞっていた。

大通りに面した大きなウェイトトレーニングジムの入口左脇にマットスペースがあって、そこがアカデミーとなっている。正方形のマットで広さも十分。2列で8組ぐらいが一度にスパーリングできそうだ。

約束の12時から10分前くらいには着いたが、まだマットスペースには誰もいない。

受付のお姉さんに頼んで中に入れてもらう。

12時を過ぎても誰も現れない。10分ぐらい過ぎてようやくひとり、道衣を着たまま自ら車を運転してやってきた。それからは徐々に集まりだし、最終的には12人になった。

黒帯は先生を含めて3人。うちふたりはヘビー級の100キロクラス。もうひとりはマルセオ・アウベス・ダ・リマという名前のこの道場の先生で、私ぐらいの体格だった。ブルーノとは風貌がだいぶちがい、素朴で落ち着いた印象。柔術家と言われなければ、それとは分からない。格闘家特有のアクの強さは感じられない。

私は今回も前に出て、3人の黒帯の先生たちと一緒に並び、はじまりの挨拶をすることになった。

「黒帯ってすごい」を他人事のようにここでも実感する。

まずはみんなで輪になって道場内を走る。その後、腕立て伏せやスクワットなど、やや強度が高いアップ。

それからテクニックの練習だ。クローズドガードからホレッタの展開をふたつやった。昨夜のホライマ・トップチームとはちがって、ベーシックなテクニックが中心である。流行を追うのではなく堅実できっちりとしたテクニックを教えるタイプの道場だなと感じた。

グレイシーバッハには、国際ブラジリアン柔術連盟会長にしてバッハの総帥、カーロス・グレイシーJr.が長年の経験をもとに作成した明確なカリキュラムがあって、すべての支部で同じ内容を教えているのだそうだ。

当然各インストラクターには、その技術の習得が求められる。ランチに一緒に行った黒帯のワットンからそう聞いた。

私は2001年3月、リオのグレイシーバッハ本部道場で1週間練習したことがある。

あの頃はまだ白帯を巻いていた。ほとんどノーギのテクニックと、今はもうないブリッジ力にまかせて闘っていた。私自身柔術の技術もあまりなかったから、何を習ったかはもう覚えていない。

ただ、テクニック練習では立ち技（柔道）をやっていた印象がある。

ブラジリアン柔術のアカデミーとはいえ、やはり立ち技の技術は必要なんだなと感じたことをよく覚えている。

ホライマ・トップチームもそうだったが、テクニックの反復練習にはかなりの時間をかける。

時間が決まっているわけではなく、先生の「止め！」の合図まで続けるから、それだけで結構疲れる。

一方が連続して5回やった後、かけ手と受け手が交代する流れを繰り返した。

ブラジリアン柔術では、技の練習はふたり一組になって、習った技の掛け合いをするのが基本である。

バッハでのスパーリング

その後スパーリングとなった。

一本目は、紫帯の中堅クラスで、テクニック練習で組んだ相手とやった。

体格は私より少し大きいぐらい。年齢は30歳ほどか。怪我をしたくないので昨日と同じように軽くやる。

次の一本は休んで写真を撮り、三本目は黒帯の先生とスパー。やはり下から引きこんでスタートする。

右手で私の襟を掴んで無駄に動かずじっくりと攻めてくる。グリップ力が強く、外せない。ミス待ちのカウンタータイプだ。一度ブラボーチョークで上からじわーっと絞められ、それを耐えた後、ハーフガードから中腰になるも、上を取りきれずまた引き込み、潜りにいくもスイープしきれず、みたいな展開で終了。

勝てないまでも明確にやられることもなかった。まあ向こうも本気ではやっていないだろうと思うが。

スパーが終わってから年齢を聞くと、34歳か35歳と言っていた。10歳年下の本場黒帯の先生ともわりと普通に渡りあえたことで、柔術家としての自分の立ち位置が確認できたのはよかった。

6分×4本のスパーリングが終わって、このクラスの終了となった。

時計を見れば13時30分、はじまったのは12時半だったから、どうやら1時間のクラスだったようだ。

この後、みんなで集合写真を撮り、解散。

昨夜のホライマ・トップチームでのようなすごい騒ぎにならないところも対照的で面白い。若い子も2、3人いたが、平均年齢は30代前半から半ばというところだろう。

ホライマ・トップチームに見る未来

このボア・ビスタで、かなり対照的なアカデミーを続けて見てきたが、ひとつ言えるのは、強さだけでいったら間違いなくホライマ・トップチームのほうが上だということだ。

明らかに設備なり状況なりが恵まれたグレイシーバッハより、そうではないホライマ・トップチームのほうが強い。それは何を意味するのか。

ひとつにネット社会の恩恵もあるだろう。地方にいても時代の流れに遅れることなく最新の技術をユーチューブなどで無料で見ることができる。これは大きい。しかしそれはバッハも同じことだ。

より重要なポイントは、若者たちほど柔術に関われる時間が多いということだ。

バッハの連中はある程度年齢がいっているので、基本的に仕事をもっている。

そんな彼らにとって柔術はあくまで趣味の範囲である。そうでないのは先生だけだ。

しかしホライマ・トップチームのメンバーは、ほとんどが地元の子どもらで、学校が終われば毎日でも道場に来られる。まして17歳までは無料だ。

ドッジボールやサッカーをやるように、遊びながら、楽しみながら柔術をやる。

やらされているわけではない。

長所を好きなだけ伸ばす、そういう環境に思われる。

しかもまだ頭の柔らかい、固定観念のないうちに。

多くはけっして裕福ではないだろうから、いろんな習い事をさせてもらえるわけでもない。

そういった意味では、勉強以外ではおそらく道場にしか、世に出るチャンスがない。

何者かになりたければ、柔術しかないのだ。

バッハの生徒たちはちがう。大学生であれば、柔術以外の世界ももっているだろうし、機会もある。

仕事をもっている人は、生計を立てる形をすでに確保している。柔術で何かを成す必要はない。

ブルーノ夫妻は、地域社会の子どもたちに非常に大きな掛けがえのないチャンスを与えていると私は思う。

実際、日本に戻ってきてからも、私のフェイスブックのタイムラインには、ホライマ・トップチームの面々が柔術の大会に出場して表彰台に立っている姿がしょっちゅう上がる。

ブラジルにいたときも、ブルーノは言っていた。

「この週末はマナウス・インターナショナルに出場するんだよ、うちの生徒が12人もね」

みんなで同じバスに乗り、マナウスまで11時間をかけて闘いにいくのだという。

そのバスの行き先は、若者たちにとって、きっとまだ見ぬ広くて大きな世界へと続いているにちがいない。

NOGUEIRA

3º LUGAR
DIPLOMA

ORAIMA TOP TEAM
JIU-JITS

SPY

VULKAN

RORAIMA TOP TEAM
JIU-JITSU

IV

コンデ・コマと町田嘉三

ベレン
Belém

伝説の地、ベレンへ

マナウスからアマゾンを下ること5日、長かった船旅も終わりを迎えようとしている。

はるか前方には、蜃気楼のようにビル群が水面に浮かんで見える。それもかなりの数だ。

おのずと気分が高まる。あれがベレンの街か。

世界最大の流域面積を誇る大河アマゾン。

アンデス山脈に端を発した流れは、南米大陸を横断した後、大西洋へと注がれる。

その河口に拓かれた人口１４０万を擁するパラー州の州都がベレンだ。

そして、コンデ・コマこと前田光世が約１００年前に降り立った街でもある。

今日のＭＭＡの隆盛、柔術の世界的な浸透、すべてはここからはじまった――。

私にとっては、来伯12度目にして初めて訪れる伝説の地である。

グレイシー柔術と前田光世

１８７８年（明治9年）、青森県中津軽郡船沢村（現弘前市）に生を享《う》けた前田光世は、18歳のとき青森県尋常中学（旧制）を2年で中退したのち上京し、前年にできたばかりの早稲田中学（旧制、現早稲田高校）に編入する。そこで柔道に出合い、翌年嘉納治五郎が興した柔道の総本山「講道館」に入門。

１９０１年には3段まで昇段し、轟祥太、佐村嘉一郎とともに、「講道館三羽烏」と称された。

4段位にあった１９０４年、東京専門学校（現早稲田大学）に入学するも中退し、柔道普及のため１９０７年にアメリカへと渡る。陸軍士官学校や大学などで柔道（柔術）を教えるかたわら、フットボール選手など力自慢からの挑戦に応じては、ことごとくこれらを退けた。ボクサーやプロレスラーとの異種格闘技戦も数多く行なった。

その後ヨーロッパ、中南米と世界を巡り、最後に行き着いた地がブラジルだった。

1914年（大正3年）、サントス港に上陸。

翌年ベレンに入ると、当地で開催されたルタリブレ（！）のアマゾン選手権に飛び入り参加で優勝。その強さと礼儀正しさを買われ、警察や兵学校で教えるうちに地元の名士筋からの信頼を得た前田は、スコットランド系移民の事業家ガスタオン・グレイシーから頼まれ、彼の息子のひとりカーロスに柔術を教える。

末っ子のエリオ・グレイシーは前田光世に直接習ったわけではないが、兄カーロスとともに稽古に励んだ。体が小さく喘息もちだったエリオは、体格や力の劣る小さな者でも相手に勝てるようにと前田が伝えた技を独自に研究し、改良を施した。グレイシー柔術の誕生である。

1993年、米国・コロラド州デンバーで開催された第1回UFC大会において、とくに体格に恵まれているわけでもないエリオの息子ホイス・グレイシーが、大型選手らを相手に下からの三角絞めで連勝する姿は衝撃だった。それから瞬く間に、柔術とバーリトゥード（後のMMA）は世界中に広まっていくことになる。ここまで、わずか20年のことである。


前田光世がベレンでカーロス・グレイシーに柔術を教えたことからはじまった、世界的な格闘技界の地殻変動、その歴史のうねりの一端に、一柔術家として私も存在している。

一度は訪れたいと願っていたその地に、ようやく来ることができた。

現地で結婚、帰化し、コンデ・コマ（コマ伯爵の意）と改名した男が眠るこの地は、いわばリオ・デ・ジャネイロと並ぶ、柔術家の聖地といえる。

前田光世先生の墓前に参って手を合わせたい。そのためにアマゾンを下って、この地までやってきた。

しかも、その墓を守っているのは、元UFC世界チャンピオン、リョート・マチダの父である空手家町田嘉三《よしぞう》だという。彼はどういった経緯で墓守になったのか、同じ日本人武道家として前田光世にどんな思いを抱いているのか、ぜひ直接会って聞いてみたかった。

町田道場を訪ねる

5日間の寝床だったサン・マリノⅢ号がリーデル港に接岸した。

港はどこか殺風景で薄汚れた風情だ。

これまで船が寄港するたびに目にしてきた、人々の再会のドラマがここでも繰り広げられている。

120リットルの登山用リュックサックとともにベレンの大地を踏んだ。

と、感慨に浸る間もなく、タクシー運転手がこれでもかとばかりに声をかけてきた。

15年前初めてブラジルの地に足を踏み入れたときのリオ・デ・ジャネイロ、ガレオン国際空港でのことを思い出す。まだ見ぬ地に昂ぶりを覚えつつ、いざ到着ゲートを出た瞬間、両替商やタクシー運転手、そのほか怪しげな連中から一斉に取り囲まれてたじろいた。初めての地でたったひとり、誰を信じて応じればいいか分からず、洪水のように押し寄せる男たちの圧力を前に言葉を失った。

あの怖さを活字で伝えられるだろうか。大げさではなく、ちょっとしたトラウマになってしまい、以後何度かは、日焼けサロンで肌を黒くしてからブラジル入りしたほどだ。少しでも観光客っぽくなく、現地の日系ブラジル人に見えるように。実際、空港から乗ったタクシーで山に連れていかれ身ぐるみをはがされ、置き去りにされるという事件が、当時は頻発していたのだ。

しかし、今ではたじろぐこともない。運転手を選んでタクシーに乗り、街の中心地へと向かう。

車窓から見える港周辺の街並みはお世辞にも綺麗とは言えない。乱雑としている。

まるで15年前のリオのようだった。

ワールドカップ、オリンピックと世界的なイベントが連続して開催されるため、街は整備され、治安も良くなったはずと思っていたが、まだこんな街があったのか。

気をつけなければと思う一方で、これがブラジルだよなと、妙に興奮している自分もいた。

予約しておいた市街の安ホテルで荷を解くと、あらかじめ調べておいたリョートのアカデミーへさっそく行ってみることにした。

ベレンに町田道場はふたつある。最初に訪れたのは新しいほうだ。

道場と呼ぶにはおよそ似つかわしくない地上3階建ての近代的なビルである。1階と2階は最新鋭のマシーンを多数導入したフィットネスジムで、3階が道場だ。広さは50メートルのプールほどあり、ちょっとした体育館である。プロ格闘家としてのリョート・マチダの成功者としての片鱗がうかがえる。

この道場は町田嘉三の長男、次男、三男（リョート）が3人ではじめたものだが、次男と三男がその後アメリカに移住したため、現在は長男がひとりで経営している。私が訪ねた日は、あいにく長男は不在だった。

空手はいうに及ばず、柔道、柔術、MMAとさまざまな格闘技が学べるようだ。

このあと柔術のクラスがあるというので参加してみた。生徒は20人ほど。茶帯、紫帯もいるが、アカデミー自体ができて2、3年と新しいこともあり、青帯と白帯が中心のまだ若いクラスだ。

先生は黒帯の100キロはあるだろう巨漢だが、動きは柔らかい。流派がデラヒーバ系だからだろうか。

挨拶の後、マットスペースの縁をぐるりと走るのだが、とにかく広いので走りごたえがある。

手を振ったり、腿上げを行なったり、スキップしたりなど、バリエーションを加えながらの10周は、けっこうな負荷だ。その後のマット運動も、広いぶんだけなかなか大変だった。

今回のブラジル行きでは、ボア・ビスタ、マナウス、ベレンと都合四つの柔術道場で出稽古をしたが、いずれの道場でも、テクニック練習前のランニングとマット運動はきっちりと全員でこなしていた。それがとても印象に残っている。途中参加、途中退出する者はほとんどいない。それは気まぐれで奔放なラテンの国ブラジルにおいて、特筆すべきことだと思った。日本の道場文化がきちんと伝わっている証だろう。

スパーリングは白帯、青帯、茶帯、黒帯とまんべんなくやった。

まだ技術がない白帯と青帯は、大きな体を利してぐいぐいとした動きで向かってきたが、茶帯、黒帯とは、しっかりした技術に裏付けられた力に頼らないスパーリングで、やっていて楽しかった。

クラスを通じて、黒帯の先生や生徒たちに、「リョート・マチダのお父さんを知っているか」と尋ねてみる。

みな存在は知っているが、直接的に関係をもっている人はいなかった。

アカデミーのフロントマンに滞在先の電話番号を教え、嘉三氏とコンタクトが取れたら連絡が欲しいと頼んで町田道場を後にした。

町田嘉三の案内でコンデ・コマの墓参りへ

翌日ホテルのラウンジで朝食を摂っていると、ホテルのオーナーが電話の子機を手に近づいてきた。

「リョート・マチダの父親だと言っています。日本語とポルトガル語が話せるようです」

礼を言って受け取り、

「もしもし、お電話代わりました。ジャーナリストの井賀と申します」

と日本語で話しかけてみた。

外国で取材するとき〝ジャーナリスト〟と名乗るのは、そのほうがいろいろと話が早いからだ。

少しがらがらした、想像していたよりも甲高いトーンの声が日本語で返ってきた。

それがUFCチャンピオン、リョート・マチダの父であり、希代の柔術家コンデ・コマの墓守をしている空手家、町田嘉三とのファーストコンタクトだった。

町田さんは日本を出てからずいぶんと経つので、多少日本語がたどたどしくなっているのではと思っていたが、そんな様子は全然なく、流暢な日本語だった。私がベレンに来た理由を述べようとすると、ああ分かってる分かってるといった感じで制し、すぐに「今日これから時間ありますか?」と聞いてきた。

慣れている。きっと、私のような訪問者をこれまでにも数多く受け入れてきたのだろう。

30分後には、町田さんの愛車トヨタカローラがホテルに横付けされ、私は車中の人となった。

仕事ができる人は話が早い。何かを成す人と置き換えてもいい。どうやら町田さんもそのタイプらしい。

相手は現代の侍だ。少し緊張しつつ助手席に腰を下ろす。

町田さんは、身長170センチの私より少し背は低いが、さすがに体つきは立派だ。

日焼けした肌と快活な印象はブラジル人っぽいが、見た目は日本人そのものだ。

ごつい体を別にすれば普通のおじさんといえなくもない。

しかし、ハンドルを握る拳の存在感が半端ではない。話を聞く前から、その拳はすでに空手家としてのこれまでの人生を雄弁に物語っていた。拳を見れば分かる。きっと嘘のない人生だ。武道家の体は生半可なことでは作られない。

「どこに行きたいですか」と聞かれたので、すかさず前田光世の墓に行きたい旨を伝える。

墓地に到着するまでの間、車の中でいろいろな話を聞くことができた。

前田光世や空手の話ではなく、「馬はいいですよ」といった、彼が所有する馬と乗馬のこと、交通事情や治安などベレンのざっくりとした様子についてだ。

お墓はベレン市内のグアマという地区にあるという。

大きな墓地だろうから、てっきり郊外にあるのだろうと思っていたのだが、15分ほどで到着した。

ベレンの名士だったコンデ・コマのお墓を建てたのは当時のパラー州知事だ。現在でも市長などが埋葬される格式の高いこのサンタ・イザベル墓地が、ブラジル人に帰化した尊敬すべき柔術家のために選ばれた。

入口から広い通路を100メートルほどまっすぐ進んだところに詰所があり、その右脇に延びる小径を20メートルほど進むと、右手にコンデ・コマ、前田光世先生の墓はあった。

白亜の大理石で作られたL字型の美しいお墓だった。周りと比べて、特別に大きいわけでも小さいわけでもない標準的なサイズである。正面中央には十字架に張り付けにされたキリスト像が掲げられ、それを挟む形で右に奥さん、左にコンデ・コマの写真（レリーフ）が据えられている。

訪れたときには赤い花が供えられていた。

コンデ・コマは1941年（昭和16年）、62歳でこの世を去ったが、死後75年を経た現在でも、ベレン市民からこうして慕われているのかと、墓前に手を合わせながら、彼の偉業とその波瀾万丈な人生に想いを馳せた。

思ったとおり、町田さんはこれまでにジャーナリストだけでなく何人もの柔術家をこの場所へ案内してきたそうだ。ブラジル国内のみならず、今回の私のように世界各国からやってくるのだという。

墓守になった理由

墓参りを終えた道すがら、改めて町田さんに尋ねてみた。

墓守になった経緯としては、こういうことらしい。

サカイさんという懇意にしていた日系人の友人がいた。その方は町田さんよりずいぶん年齢が上で、生前のコンデ・コマさん（町田さんはそう呼んだ）のこともよく知っていたという。

「大雨のせいで、ある人の墓が崩れてしまった。復旧しようとしているんだが、いかんせんブラジル人は働かないし、資金も尽きてうまくいっていないんだ」

彼からそんな相談を受けた町田さんは、「それなら私がやりますよ」と手伝うことに。

のちに、それがコンデ・コマのお墓だということを知った。

国士舘大学の学長（総長）にお願いすると、経費の約90％をもってくれるという。国士舘が武道の道場をベレンに作ろうとした際、町田さんが現地でいろいろと手を尽くしたこともあり、よい関係ができていたおかげだ。

「ブラジル人に施工費なんか先に払ったら、それ以後はまずちゃんと働かないから」

と町田さんは言う。ちびちび後払いで払っていくのがこの国のやり方なのだと。

町田さんが仕切ったおかげで、コンデ・コマのお墓はみごとに復旧した。雨で崩れたため外に流されていたコンデ・コマの骨をできるだけ拾い集めて綺麗に洗い、墓が出来上がるまでは道場に保管しておいたそうだ。

あとは、復旧作業に関わった責任上、手入れを欠かさずにケアしているのだという。

なるほど事の経緯はよく理解できたが、町田さんの前田光世に対する個人的な思いはあまり聞こえてこない。ベレンの日系人社会ではとても有名なコンデ・コマのことだ。もちろん墓の復旧に関わる以前から彼のことは知っていたし、たしかに尊敬もしているという話だったが、とりたてて特別な思いはないようである。

「まあ会ったことがないからね」というセリフに少々拍子抜けした感は否めなかったが、と同時に、そんなものかもしれないな、とすぐに思い直した。

同じ武道家としてコンデ・コマに熱い想いを抱いていて、それが理由で墓守をしているのだろう、そうであってほしい。そんな分かりやすい物語は、私のような書き手やマスメディアが安直に考えそうな、まったくもって都合のいい話である。

遠く日本からやってきた私が描いていた想像——前田光世と町田嘉三の間に存在する時空を超えた深い絆などは存在せず、実際は成り行きでそうなっただけだという、そのイメージのギャップにも、本人は気にする色すら見せない。「いやあ、コマ先生は非常に立派な方でね……」なんて取り繕うような物言いは一切せず、淡々としている。その態度は逆に清々しいぐらいだった。

同じ武道家とはいえ柔術と空手のちがいもあるだろうし、自らが言っていたように生前の前田光世を知らないことが大きいのだろう。たしかに、実際に会ったことがなければ、想いも熟成されないかもしれないなと納得せざるを得なかった。町田さんからはこれ以上、前田光世の話は聞けないだろう。

意外なほどあっけなく、こうして唐突に、私のコンデ・コマを巡る旅は終わる。

まあいい。柔術家の私としては、すべてのはじまりである、ブラジリアン柔術の曽祖父ともいうべき前田光世先生のお墓参りができたわけだし。私が10回以上もこうしてブラジルに来ることになった、そもそものきっかけはこのベレンにあったのだ。その地を訪ねられて満足だ。

町田嘉三がブラジルに渡った理由

さてこれからどうしようかと思っていると、「今から馬に乗りにいくけど一緒に来る?」と町田さんに誘われた。他に予定も入れてなかったので、ご一緒させていただくにした。

ベレンを訪れる前に描いていたイメージとは少々異なる展開になってきた。前田光世とは関係のない時間をともに過ごすことになった町田嘉三へのロングインタビューが、こうしてはじまった。

ベレンで町田さんに会おうと決めた私は、事前に検索して日本の格闘技雑誌に掲載された彼のインタビュー記事を読んでいた。そこで受けた印象は、昔ながらの日本人、寡黙な武道家、強面の侍といった、ある種ステレオタイプなものだったが、実際はちがった。とにかく明るく豪放磊落。こんな日本人はいない、というのが率直な感想だ。

とはいえ、たしかに会話の端々に「侍」「武士道」といった言葉も出てくるからブラジル人でもない。

では、なんなのだ。町田嘉三なのである。

町田嘉三がブラジルに渡ったのは半世紀以上前のことだ。

1968年3月5日に横浜港を出航したあるぜんちな丸に乗り、40日かけてハワイ、アルゼンチン、ウルグアイ、サンパウロ、リオ・デ・ジャネイロと経由してベレンにたどり着いた。

そのときのことは今でもよく覚えているという。時刻は午前9時、雨が降っていたそうだ。

ベレンから南に約230キロメートル、日本人入植者の多いことで有名なトメアスに海外移住事業団（現JICA）の職員のひとりとして赴任した。仕事はトメアスからさらに奥地に100キロメートル進んだジャングルに道を切り拓いていくという過酷なものだった。

1日500メートル進むノルマを課せられ、現地のブラジル人を15人雇って当たったが、ポルトガル語がまったく分からず大層苦労したそうだ。悪口を言われているんだろうなと感じても言い返せない。知っている単語でただひたすら「やれ！　やれ！」と言うだけの一方的なコミュニケーション。

「馬鹿にされていたよ」と町田さんは言う。それが悔しくて3年でポルトガル語を覚えた。

仕事内容がどうというより、日本でずっとやっていた空手の練習がまったくできないことが辛かった。

土日の休みには、自分で作った「巻藁」に向かって、正拳突きを何百、何千本と繰り返しぶち込んだ。

「それをやると、いくらもらえるんだい？」と見ていたブラジル人に聞かれ、「いくらもらえるもあるかい。練習だよ」と言うと心底呆れられたという。サッカーのようにやって楽しいわけでもなく、むしろ痛くて辛そうなことのために、わざわざ休みの日を使い、ましてや一銭の金にもならないのに真剣になっている姿は奇異に映ったとしても不思議はない。まだ柔道や空手などの武道に対しての認知度が低かった時代である。

ブラジルに来るきっかけとなったこの仕事は結局1年で辞めた。

当時の所長からはずいぶん慰留されたが、空手をしたいという想いを抑えられなかったのである。

当時ベレン市内で日本人がやっていた「パラエンセ柔道」というアカデミーを間借りして、火、木、土曜と空手を教えはじめた。しかし空手はまだまだマイナーで、生徒は思うように集まらない。

20〜30人ほどでは到底食っていくこともままならず、ファリンヤ（でんぷん質の粉）と水だけで3カ月を過ごしたこともあった。その後も状況は変わらなかったため、約1年でベレンでの指導を辞め、チャンスを求めて人口の多い大都会リオ・デ・ジャネイロ、そしてサンパウロへと旅立った。

「リオへは、空手の生徒の兄貴に軍の士官だった奴がいたから、そのツテで空軍の飛行機で行ったんだぜ」

町田さんは楽しそうに話す。カネもなかったし、とにかく助かったという。

サンパウロでは、空手を教えながらの居候という形で、アントニオ猪木の実兄である相楽寿一さんの空手道場に1年間世話になった。ポルトガル語がまだうまく使えなかったので、指導方法は、とにかく自ら生徒をぶっ飛ばすというシンプルなものだった。当然生徒は増えない。

そんななか2、3カ月に一度、定期的に勝負を挑みにやってくる者がいた。毎回ぶっ飛ばしていたのだが、あるとき、彼からサルバドールに空手の先生として来てくれないかと誘いを受けた。

振り返れば、それが人生の大きな転機となった。

サルバドールでの輝かしい日々

サルバドールは1549年、ブラジルで最初の首都が置かれた街である。

以来1763年にリオ・デ・ジャネイロに遷都されるまで、214年間栄えつづけた。

大西洋を挟みアフリカに近い距離で向き合う位置にあるため、サルバドールには1570年代から、サトウキビ農園の労働力確保のため、たくさんの黒人が奴隷としてアフリカから連れてこられた。

それゆえに、今も音楽、ダンス、宗教、衣装、料理など、黒人文化を色濃く残すブラジルでも特異な地域であり、住人のほとんどが黒人で占められている。手を縛られた奴隷が考案した、足技に特化した格闘技カポエラ発祥の地としても有名だ。

サルバドールはバイーア州の州都であり、敬愛をこめて、そのままに「バイーア」とも呼ばれる。このあたり出身の「バイアーノ」は、リオっ子である「カリオカ」以上に時間にルーズで鷹揚な性格と言われる。アントニオ・ホドリゴ・ノゲイラとホジェリオ・ノゲイラの兄弟もバイーア出身である。

町田さんが請われてサルバドールで教えはじめた頃、すでに道場には生徒が50人ほどいた。

やはりここでの指導方針も基本的には同じ。町田さんは「ぶっ飛ばす」という表現をよく使うが、文字どおりひとりずつぶっ飛ばしていったそうだ。物騒なようだが、格闘技の世界では少なからず必要なことではあると思う。自分より明らかに弱いと分かっている先生のことをリスペクトする生徒はいない。

基本弱肉強食、腕力がものをいう世界なのだ。

そしてついに、空手家としての人生が花開くときがやってきた。

1970年、首都ブラジリアで開催された空手の大きな大会「Champion of the Champions Cup」に招待された。七つの州のチャンピオンが集まった、まさに王者の中の王者を決める大会だ。町田さんはその大会において型、組手の両部門でみごと優勝を果たす。

ここから人生が加速する。各新聞に写真入りで大きく報道され、どんどん生徒が増えていった。大会で優勝して有名になってやると、食えなかったベレン時代に思い描いていた夢を実現してみせたのである。

町田さんはこのサルバドール時代、千人斬りを果たしている。さすがに戦国の世の侍ではないので、もちろん人を斬った数ではない。女性の数である。3年間で1000人。多いときは1日に3、4人だったとか。

真っ赤なフォルクスワーゲン・カルマンギアに乗って街に繰り出し、女性に声をかける。明らかに風采のちがう東洋人が、住人のほとんどが黒人であるサルバドールで、赤いスポーツカーに乗ってナンパするのだ。

さぞ目立ったことだろう。それだけで根性がある。私もサルバドールを三度訪れているだけによく分かる。

「べつに俺も独身だったからいいんだよ。お互い同意なわけだし」

女性と揉めたことはないのかと尋ねると、最初から付き合う気はない、体が目的だと告げているし、「おまえもそうだろ？」と確認してからはじめるから、との回答。とはいえ、回数を重ねると情が移るからと、同じ女性とは3回までと決めていたそうだ。すごい日本人が地球の裏側にいたものだ。

このことを書いていいんですか、と尋ねると、全然かまわないという。実に堂々としている。誰に対しても負い目をつくらずに生きてきたのだろう。

ブラジルでは、日系人は勤勉で真面目というイメージが浸透している。あながち外れてはいないが、町田さんにかぎっていえばだいぶ様相が異なる。私たちが抱くブラジルにおける日本人像、武道家像といった既成概念を、ことごとく破壊してくれる男、それが町田嘉三なのである。

道場破りの話も痛快だ。とにかくおカネがなかったサンパウロ時代、他の空手道場に出向いては、そこの師範に勝負しろと話をもちかけ、自分が勝った場合はカネをよこせと言っては叩きのめし、100レアルほどせしめていたそうだ。体のいいカツアゲだ。許されるのは相手が素人じゃないという点だけだろう。

しかし、町田さんにいわせれば、「弱いんだからしょうがない」のである。

武道家たるもの、道場破りに対してうまく対処できないようであればそれまで。それができないのであれば所詮そこまでの存在なのだと。私は妙に納得したし、なんだか胸のすく思いがした。町田嘉三はサラリーマンではない。空手家なのである。

そのカツアゲは、主に気の合う空手仲間3人で行われた。メンバーにはサンパウロ大学の教授にして日本空手協会ブラジル支部前会長の佐々木康之さんも含まれていた。鷹揚な時代というべきか。町田さんですら「現在のブラジルではとても無理だよ」と言う。日本だけじゃなくブラジルも変わったのだ。

奥さんとはサルバドール時代に出会ったそうだ。

ある空手の生徒のお姉さんで、道場主催のパーティーに来ていた。彼女は当時、心理学を専攻する大学2年生。なにしろ千人斬りの男だ、町田さんから声をかけた。しかしあまり相手にされず、それで逆に火がついた。猛アタックを敢行し、付き合うことに。町田さんは普段自分が相手にしている女性たちとは勝手がちがう真面目な彼女に、どんどん惹かれていった。

付き合って2年、子どもができたこともあって結婚した。

子育てを理由に大学は辞めさせたという。むちゃくちゃである。

当時奥さんは、すぐに体を許したら捨てられると思っていたようで、事実そうだったろうと町田さんは笑いながら話す。町田さんと付き合うまで男性経験のなかった奥さんにしてみれば当然の発想かもしれない。

町田さんがえらいのは結婚後は一切他の女性に手を出していない点である。彼の話を信用すればだが。

空手ばかりやっていた町田さんは、童貞のまま22歳で日本を離れた。女性を知ったのは渡伯後で、奥さんと結婚してからは浮気をしていないというのだから、ブラジル人女性しか知らないということになる。

その点も聞いてみたら、「そうだ」との答え。「でもブラジルは人種のるつぼだから、あらゆる肌の色の女性にお相手してもらったけどな」とのこと。（なにか負けた感が半端ない）

年代なのであろうか、もちろん私にそこまでの経験はないが、たしかに最近これほどまでにギラギラとした男はあまり見ることがなくなった。とくに若い連中はそうで、比較的ギラついているのはたいてい自分より年長の男たちだ。私は山伏修行をしている身でもあるが、そこで出会う人々もバイタリティに溢れている。

山伏というと、俗世からかけ離れた、達観した人というイメージがあるかもしれないが、実はとても人間臭い人物が多い。武道家と山伏。

そういう特殊な生き方でもしていないと、現代では本能のままには生きられないのかもしれない。

最初50人だった生徒は最高で１２００人までになり、支部もサルバドールの26の市町村にそれぞれひとつずつ誕生した。ユダヤ系ブラジル人の奥さんとの間に子どもも３人生まれた。

20代の青春時代、輝くようなサルバドールでの日々だった。

ベレンに戻って農場経営に挑戦

人生の最盛期を生きていた町田さんに、次のステージが用意される。

この時期は支部も増えているし、そういう機会もかなりあったのだろう。

あるときベレンに赴いて指導をしていると、ある成人の生徒から、「先生、戻ってきてくださいよ」と言われ、「農場をくれたら考えるよ」と冗談交じりに返しておいたら、しばらくして「先生、土地を用意しました」と連絡がきたという。

政府の顧問弁護士をしていた彼は、開墾用の土地として次の3候補を用意していた。

・ベレンから300キロメートル離れた場所に、300ヘクタール
・ベレンから車で10時間の場所に、150ヘクタール
・ベレンから車で1時間の場所に、75ヘクタール

町田さんは、すべてを直接見にいってチェックし、やはり遠すぎるのは不便だからと、ベレンから60キロメートル離れた75ヘクタールの土地を選んだ。

空手で生きていくこと以外に、実は、ブラジル行きを決めた際のもうひとつの夢こそ、農場を持つことだったのである。

そんな町田さんはサルバドールでの成功をあっさり投げ捨て、ベレン行きを決めた。

1978年、三男坊のリョートは生後3カ月、町田さんは間もなく33歳になろうとしていた。

カカオの種を8000個車に積んで、北へ向かった。

1、2年で黒帯をやると言って、生徒のなかから農業に詳しい技術者もひとり連れてきた。

BANCO DA AMAZÔNIA

fibrapara.edu.br
ILAR
BRA
INTEGRADA BRASIL AMAZÔNIA
Questão de Qualidade

VESTI
/fibrapara
#MaisQueUmDiploma

FÁBRICA DE GELO
GELOPES
8367-2748

OCTAVIO MITSUYO MAYEDA
CONDE KOMA
ETERNA SAUDADE DE
SUA ESPOSA E FILHA
MAY MAEDA KOMA

OCTAVIO MITSUYO MAYEDA
CONDE KOMA,
NASCIDO EM 18 DE
NOVEMBRO DE 1879
FALECIDO EM 28 DE
NOVEMBRO DE 1941.
ETERNA SAUDADE DE
SUA ESPOSA E FILHA.
MAY MAEDA KOMA
NASCIDA A 23-10-1880
FALECIDA A 29-10-1966
ETERNA SAUDADE DE SUA
FILHA.

PORTO CUSTODIO

しかし農業は大変だった。サルバドール時代に蓄えた10万ドルは、5年でなくなった。

現金収入獲得のためとパパイヤを6000本植えたりもした。

パパイヤは植えてから8カ月で実がなり、比較的育てやすい。毎週250〜300個のパパイヤをサンパウロの市場へ送ったが、たいした儲けにはならず、トントンかそれ以下だった。

「明日のミルク代がないよ！」と、奥さんが言う。

「明日だろ？　今日のはあるんだろ！」

町田さんの奥さんに対するこの物言いは、普通なら誰もが引くところだろう。

しかし私にはグッときた。まるで自分のことのようだったからだ。実際似たような会話を妻と交わしたことがある。同じように明日も知れない日々を生きて、ここまできた人がいるんだと胸にしみた。

「結局明日のミルク代はどうしたんですか？」と、後でもう一度聞いたところ、「余裕のある空手の生徒に月謝を早く払ってもらってしのいだ」という。普通は見栄や体裁が邪魔をして、生徒から前借りするなど考えにくい。ここでも空手の先生然とした姿は見られない。それとも、それぐらい切羽詰まっていたということだろうか。

どちらにせよ、それが町田嘉三の魅力だ。決まりきった枠に収まらない、どこまでも自由な男。

結局75ヘクタールの広い農場は約5年で手放して、そのお金で1Kのマンションと車を手に入れた。

それでもやはり農園をもつという夢は捨てきれず、小さな農場を買ってココヤシを500〜600本植えた。月曜から金曜まではベレン市街で空手を教え、土日は農場という生活がしばらく続いた。

リョートと父の特訓

町田さんには4人の息子がいる。上の3人は年子、いちばん下は六つ歳が離れている。

当然のように、小さい頃から全員が空手をやってきたが、いまはそれぞれの人生を着実に歩んでいる。

長男、武彦《たけひこ》はベレンで道場を経営。次男、信三《しんぞう》はアメリカで道場を経営するプロ格闘家。兄弟でもっとも空手の才能があり、町田さんにいちばん性格が似ているという。三男、龍太《りょうと》はプロ格闘家で元UFCチャンピオンだ。

現在は、信三とともにアメリカで道場を経営。四男、健三《けんぞう》は首都ブラジリア在住のテレビリポーターである。

ブラジルでは大学に行かないとろくな働き口がない。だから「進学はしろ。でもお金がないから国立にしろ」と伝えてきた。ブラジルの国立大学は無料なのである。その教えを守ってか、みごと上の3人は国立の大学に、四男坊は私立だが、昼間働いて夜間の大学に行った。

4人を大学に行かせているが、町田さんは一銭も払っていないとのこと。優秀で親想いな息子たちだ。

三男リョートは昔からプロの格闘家になりたがっていた。

そのため兄弟のなかでひとり、父に内緒で柔術も学んでいたという。17歳のとき、リョートは地元開催のバーリトゥード大会に出たいと言った。しかし母親から強固に反対され断念。

その頃から、「本当にチャンピオンになりたいのなら、左手も右手と同じように使えなきゃダメだ」と町田さんがリョートを左利きに変えさせた。紙に三角形を書くことからはじめて、次に丸を書き、アルファベットをA、B、C……と順に書いていく練習を繰り返した。それが後に、左右両方の構えで闘えるスタイルを確立させるのに活きた。

現在町田さん夫妻が暮らす高層マンションは、リョートがファイトマネーで購入したものだ。道場からも近く便利な場所である。以前ふたりが暮らしていた地区は治安が悪く、隣近所がすべて強盗に入られた。それを心配したリョートが、家族とともにアメリカへの移住を決めた際、両親に住むようにと譲った。親子関係がよく分かるエピソードだ。武道家としてのお父さんのことを息子たちは本当に尊敬しているようである。

手作りのトレーニング器具と身体論

夕方、町田さんとともに町田本部道場を訪れた。こちらは昔からある道場で、ベレン市内の一等地である。

ここを手に入れた経緯も面白い。

そもそもは国士舘大学が建てた道場なのだという。ツテをたどって、国士舘の現地法人の理事にと請われた町田さんが腐心したからこそ出来上がったものだった。

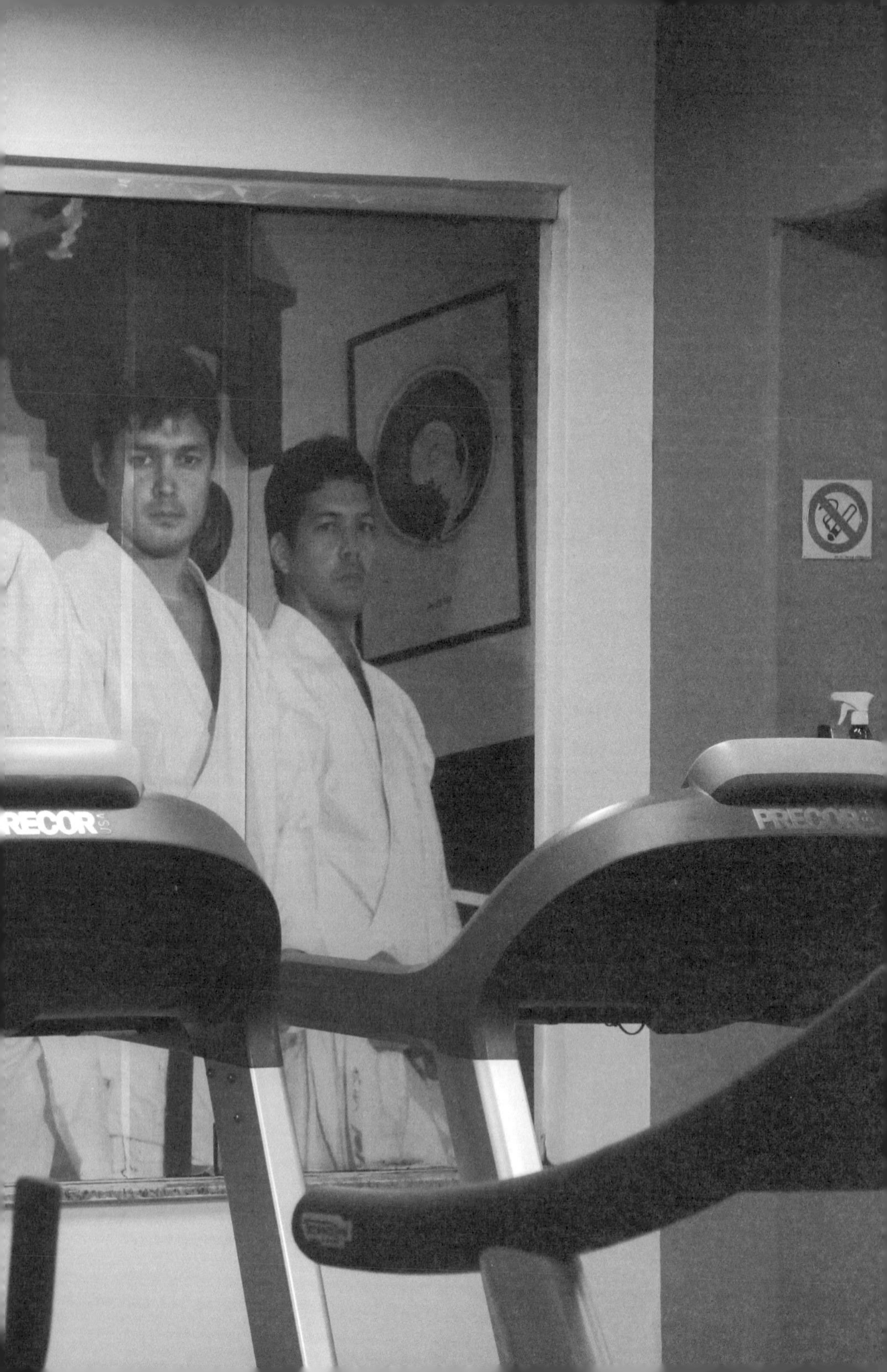
RECOR
PRECOR

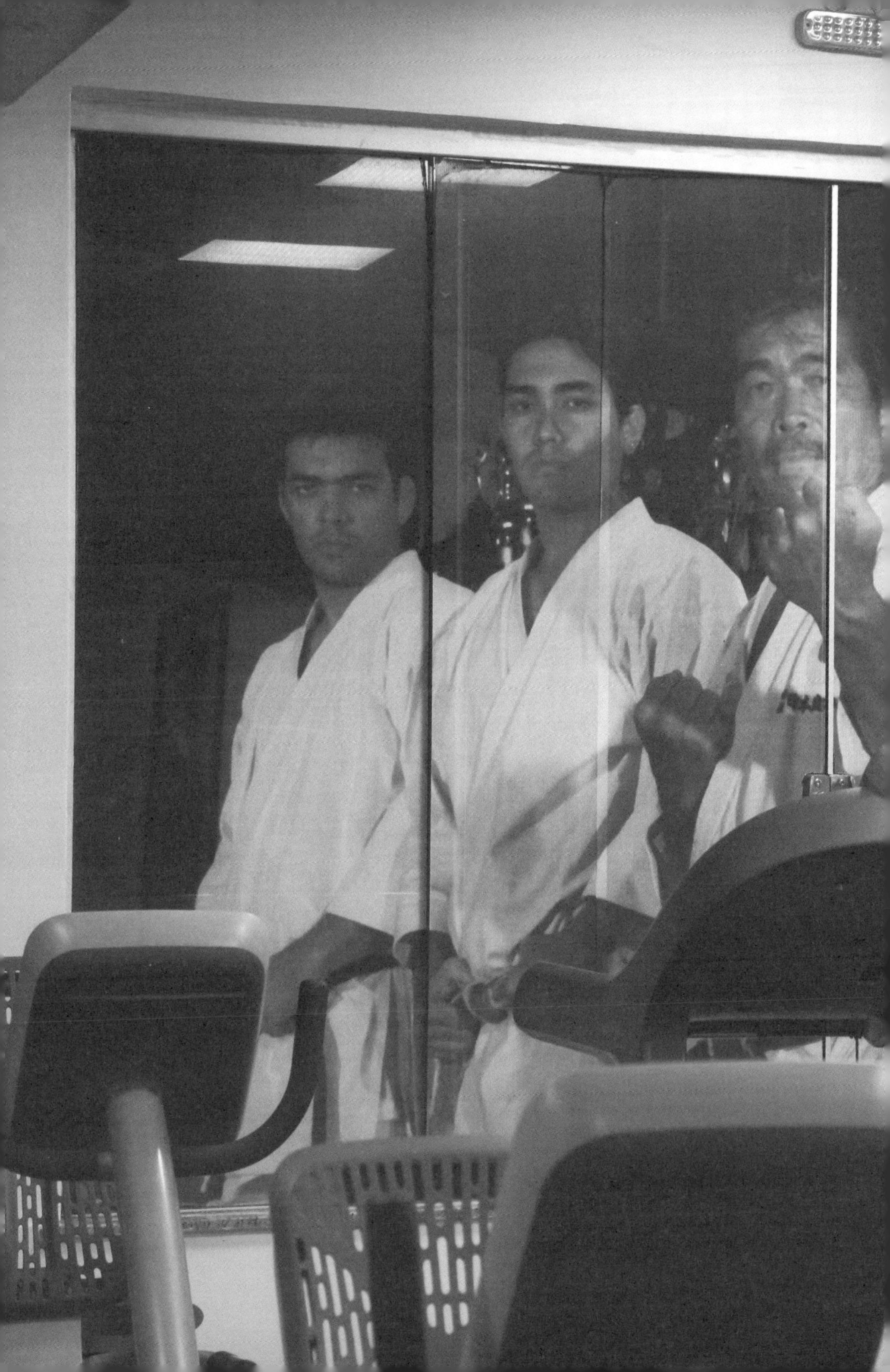

その後、国士舘が撤退したとき、銀行に借金をして買い取った。それが今の町田道場の本部なのである。

1階はメインである板の間の空手道場になっている。床が丹念に磨かれていてとても神聖な雰囲気だ。

3階にはマットスペースがあり、訪れたときは柔術の練習が行われていた。昨夜訪れた新しい道場の柔術クラスよりレベルが高く、紫帯以上がごろごろいる。みな格闘家らしく肉付きもよくデカい。こちらのほうで練習すればよかったなと思った。

次に、2階のオフィスに寄って、町田さんの愛読書や愛用のトレーニング器具を見せてもらった。水を入れて使うダンベルのようなものやロープなど。基本的にはウエイトトレーニングのようなことはやらないのだという。それは昔からのようだ。お手製のものもある。直径10センチ程度のパイプを30センチぐらいにカットしたものが2本。それを縦に床に置いて裸足で乗り、スクワットをするのだ。油断するとパイプが横に転がり身体が落ちる。気を入れて臨まないと怪我をしそうだ。

私もやってみた。足の裏でパイプを掴み、静かに腰を下ろしていき、また上がる。転げ落ちないようあくまで静かにだ。これはいい。体幹とバランスが鍛えられて最高だ。日本に帰ったら自分でも作ってみよう。

乗馬の効用

今日の午前中に行った馬場でのことを思い出す。

町田さんは馬を一頭所有している。羽振りがよかったときは最高で1頭1万ドルの馬を含む5頭を所有していた。競走馬というよりは自らが乗るための馬。乗馬が趣味とはなんとも優雅だ。

今の馬は4000ドルぐらいで手に入れたそうだから、我々でも手が届かない額ではないが、日本ではその値段でまず手に入らないし、まして自宅から気軽に行ける範囲に馬場がない。町田さんの愛馬は茶色い毛並みも美しく利口そうな顔をしていた。大切にされているのが素人目にもよく分かる。

町田さんはこの馬に乗るため、火、木、土曜と週3回馬場を訪れているそうだ。

馬に乗り、おもむろに回りはじめた。最初は軽く。このあたりは人間と同じで、体を慣らすためのアップといったところだろう。悠然と人馬一体となって進んでいく。
次に直線距離を少し速めにダッシュし、またペースを落とすのを繰り返す。そうしてぐるぐると何周も回っていく。とても気持ちがよさそうだ。

町田さんはじっとりと汗をかいている。

自分の体を馬上でぶれずにキープしつづける筋力とバランス、振り落とされないようにする腿の内側の締め付け力。かなりの体力を要するものと思われる。腹筋、背筋と間違いなく体幹が鍛えられるだろう。

他にも手綱を引いてコントロールして、馬が体を斜めに向けたままの状態で、真っすぐ進んでいく動きや、片足を交互に上げての、いわゆるお手のような動きなども確認してゆく。本当によく訓練されている。最後に、陸上競技のハードル種目のように、棒を飛び越えるジャンプを何度かして終了した。

ここまで約1時間。馬の調整だけでなく、町田さんにとっても十分に日頃の鍛錬として、ためになるはずだ。若い頃から、ランニング、腕立て伏せ、懸垂、腹筋、四股踏みなど、自重トレーニングを中心に鍛えてきた私には非常にうらやましく映った。

ある程度の年齢になると、競技者は毎日自らがやっている種目の練習をひたすら行うよりも、週3回ぐらい、クロストレーニングとしてちがったことをやるほうが、心身ともにリフレッシュされるばかりか、筋肉に別の刺激を与えられてよいと思う。だから週3回の乗馬は理想的だ。

「この馬はもう初老なんだよ。人間だったら50代かそれ以上かもしれないな。でも丁寧に接してあげてきちんと訓練すれば、まだまだこんなふうに跳べるし、走れるんだ」と嬉しそうに話した。

町田さんと同じだ。言葉では伝えづらいけれど、体の置き方、据え方と言ってもいいかもしれない。重心の意識、腰の安定感など、乗馬と武道は似ている部分も多く、相互作用が大きい気がする。

トイレと電車で目を鍛える

午前中に見た乗馬と、いま私がやってみたパイプ乗り、趣旨はよく似ている。

乗馬ができる環境にない私はますますパイプ乗りに興味が湧いた。

若い頃は自ら巻藁を作り、今もまた器具を自ら創意工夫しているところが、武道家らしくてよいではないか。やはり我々世代が思う〝武道家〟にはある種のロマンや幻想が必要だ。

その点では、私が惹かれた山伏にも一脈通じる。山伏は装束や法具を大事にし、趣向を凝らし、傷めば修理もする。その意識は食事や病にまで及ぶ。できることは自分でする。山伏だけではない、昔の日本人とはそういうものだった。畑を耕し、山菜を採り、ときに獣を獲り、魚を釣った。家に帰れば、糸や麻紐、蔦、藁、竹などを編んでは衣装や生活必需品を作った。70歳になる町田さんには、そういった匂いが感じられた。

「町田さんは、武道家として目についてはどう考えていますか?」

写真家として、一武道家として、ふだんから気になっていたことを問いかけてみた。

「もちろん目は重要だよ。子どもたちにも常々それは言ってきたし、鍛えてもきた」

まず一点を見るのではなく常に全体を見るようにすること。闘いにおいても相手の目を見るのではなく、そのもう少し下を見て全体を把握する。

それを身に付けさせるために、紙に○を書いてトイレの壁の正面、右、左と貼っておいた。また正面は正面で、上、中、下と高さを変えて三つ貼っておく。正面の真ん中の○を見ながら、左右の壁の○や、正面上下の○まで見られるように全体を把握する力を磨くのだ。子どもたちはトイレに入るたびにそれを繰り返した。

三男リョートがUFCの世界チャンピオンに、次男シンゾーが空手の世界大会で2位になる一助になったことは想像に難くない。町田さん自身も日本にいた学生時代は、ふだん乗っていた東北本線の走る列車の乗客を外から数えるということを繰り返して、目を鍛えていたそうだ。

「一眼二足三腰」これが武道家にとって重要な順番だという。以前読んだ剣豪の本にそう書いてあって、以来自身の指針にしているとのこと（「一眼二足三胆四力」のことかもしれない）。

左手の活用、自重トレーニング、柔軟性の大切さ、武道家にとっての目など、いちいち共感できる部分が多い。話を聞いているうちに、いつしか私のなかで取材対象者としての町田嘉三さんから、武道家としての先輩、町田先生へと変わっていった。下ネタを嬉々として話す町田さんも魅力的だが、やはり武道論、身体性の話に及ぶと熱がちがう。自ら体現してきたことだけに説得力があるから引き込まれる。

朝6時の稽古に見えた矜持

こうなると、町田先生が指導するクラス、空手家町田嘉三の本分たる面を確認しなければという思いに駆られた。町田さんは現在、月、水、金曜の朝6時からのクラスを受け持っている。

もともとは自らのトレーニングのために割いてきた時間で、そこに次第に選手や指導員などハイレベルな空手家が参加するようになり、一時期は息子たちも加わっていたそうだ。いわば町田道場の「プロ練」だ。

どんなに忙しくても、睡眠時間が少なくても欠かしたことはないという。

今は6時からやっているが、以前は朝の5時スタートだった。前夜飲みすぎたとか、体調がいまひとつだったり、起きるのがつらいときもあるという。それでも5時に起きて道場に向かい、5時半から30分間、柔軟運動をしてゆっくり体を動かしてクラスに備える。そうして6時からの指導を1時間きっちりとやると、今日も自分に勝ったと思える。清々しい気分になる。

「その繰り返しですよ」と町田さんは言う。分かる。一日一日の積み重ね、それしかない。

明日はちょうど早朝練習の日だ。しかしその晩は、「うまい地ビールを飲めるところがあるから」と連れていってもらい、お開きとなったのは10時すぎ、ホテルに着いたら11時だった。寝たのはなんだかんだで12時過ぎ。町田さんも似たようなものだろう。もう5時間後じゃないか。

はたして町田さんは明朝も変わることなく道場にいるのだろうか。

5時半のアラームで目覚める。歩けない距離ではないが、危険だからやめておくようにとの町田さんの忠告に従い、タクシーで町田本部道場へと向かう。6時きっかりに到着。

磨きあげられた板の間の1階道場には、すでに多くの猛者たちが空手衣に身を包んで集まっていた。見たところ先生や指導員レベルの黒帯ばかりなので年齢層は少し高い。そのひとつの輪の中心に町田さんがいた。開脚して床に座り、柔軟運動をしながら談笑している。さすがだ。昨夜の疲れが微塵も感じられない。酒も抜けて、きっちりと作ってきている。変わらぬ一日。彼にとって、ブラジルに来て何度目の朝なのだろうか。

町田さんの「はじめるぞ」との掛け声で、奥行約30メートルの道場に黒帯ばかり30人ほどが横一列に並び、正座して挨拶、稽古がはじまった。なかなか壮観な画だ。

町田さんが号令をかけての基本的な突き、蹴りの反復稽古にはじまり、ふたりひと組になって向かい合い、出し手と受け手を決めてのコンビネーションの確認、攻撃する内容やシチュエーションなどを決めて行う約束組手と続き、スパーリング（組手）、最後に型の練習をして濃密な1時間の稽古が終わった。

町田さんが教える空手は松濤館流、いわゆる伝統派と言われるもので、ある程度距離を取ったところから間合いを図って一気に踏み込んで突き、蹴りを入れ、そして離れる。それを繰り返しながら一本を狙う。

実戦だったら、まともに顔面に入れれば一撃で決まると思わせるスピードが生み出す破壊力がある。距離を詰め合い首から下を殴り合うフルコンタクト空手ではない。

伝統派の空手は踏み込みにしろ突きにしろ、スピードが命だ。イメージとしては一撃必殺の剣豪の闘いに近いと思う。先に当てたほうが勝ち。次がない。真剣で闘っていた頃は、斬られれば終わりだったので、少々斬られてもよいという間合い、発想はなかった。触れさすことは、死を意味した。絶命。

伝統派空手もそうした発想から生まれたものだろう。だから突き合うのではなく、寸止めで行われる。渾身の一撃がまともに当たったら、二の次、三の次はないということだ。やり合う発想にならない。相手は立っていられないのだから、闘いを続けられるわけがない。そのぐらいの覚悟をもって一撃にかけるということだろう。

ある程度年齢を重ねたからか、いなす感覚や一瞬での切り返しなど、力だけに頼らない巧みな体運びやそうした身体論に私自身、意識が及ぶようになってきた。今なら、町田さんの教える空手の魅力が理解できる。

黒帯の先生が20～30人いても、町田さんほどに体の軸がブレないのはひとりしかいない。

依然町田さんの存在感は圧倒的だ。今日の1時間、指導中に組手の相手をすることはなかったが、時折、突き、蹴りを自らが手本としてやってみせた。黒帯の先生たちを前にしても、いまだに魅せるものがある。

拳ひとつで、空手で、異国ブラジルで人生を切り開いてきた男の矜持を感じる。

それが生徒にも伝わるのだろう。齢70のもっとも高齢な人物が、もっとも空手家らしい雰囲気をまとっている。

町田さんは60歳までは誰が相手でも、たとえ道場破りが来てもぶっ倒す気概でやっていたらしい。

それを聞いて、私が信奉する山伏の先達《せんだつ》が、「55歳のときがいちばん強かった」と言っていたのを思い出した。そんなことを言われたら私の年齢で「できない」とはとても言えないではないか。

46歳にして体のあちこちにガタがきはじめ、引き際も意識しだしていた柔術家としては大変な刺激となった。ブラジルに来てよかった。勇気をもらった。まだできる。人に会って元気をもらえるって素晴らしいことだ。

あわよくば、私もそういう人間になりたい。それが写真家の務めであり、アートの役割だとも思っている。

前田光世研究の第一人者

もともとは私がやっているブラジリアン柔術の始祖である前田光世先生の墓にお参りすることが目的で来たベレン、当初の目的以上にたいへんな収穫があった。町田さんという、素晴らしくも面白い人を見つけたからだ。アントニオ猪木の弟子として日本デビューを果たし、その後UFCのチャンピオンにまで上りつめたリョート・マチダのお父さんということは、もちろん以前から知っていた。

そして今回コンデ・コマの墓に参ろうとして調べると、その墓を守っているのが町田さんだと分かった。

まったくのアポなしでベレンを訪れ、道場に行き、なんとか町田さんにまでたどり着いた。ブラジル空手協会の会長でもある町田さんは、ふだんセミナーでブラジル国内を飛び回っている。ベレンにいない可能性だって十分にありえた。

しかし、とにかくよくしゃべる人だ。初日は朝から晩まで一日ずっと一緒だったが、別れてホテルの部屋に戻ったときにはぐったりとしてベッドに倒れこんだほどだ。町田さんのエネルギーがあまりに強すぎて。人にあてられるという感覚をご存知だろうか。あえて言葉にするなら、そういうことだ。

前田光世と町田嘉三。柔術家と空手家。

ともに身ひとつで海を渡ってきた日本人。徒手空拳。かたや柔、かたや拳。

あつかう武術はちがえど、ともに武道家。ともに侍。言葉もろくに通じない地球の裏側ブラジルで、己が信じた武術だけで身を立てた男たち。似ている。おそらく性格はかなりちがうだろうと思うが、一方で、一致する符号があまりに多い。

この後、私の考えを裏付ける決定的な証言を得ることになった。

朝稽古ではじまった町田さんとの二日目。ベレン市民が休日によく訪れるアマゾン川のビーチリゾートに向かい、そこで昼食を食べ、以前家族で住んでいたという一軒家を見せてもらい、ふたたびベレン市内に戻ってきた。最後に、汎アマゾニア日伯協会に連れていってくれるという話になった。そこには前田光世にひと際詳しい偏屈な元ジャーナリストにして、汎アマゾニア日伯協会第一副会長の堤剛太さんという方がいるという。東京農工大学農学部の客員教授でもあるらしい。ブラジルに渡って45年。

サンパウロ新聞の記者として町田さんを取材したことが縁で友人となった。

町田さん曰く、とにかくかなりの偏屈者らしく、気に入らなかったらまったく話さないとのことだった。

協会に着き対面した堤さんは、少し長めの白髪がダンディーな、町田さんとは対照的なタイプの方だった。

インテリといえばインテリ。たしかに言われてみれば、少し気難しそうにも見えるか。

私の何がよかったのか分からないが、話をしてくれそうな雰囲気だ。堤さんの機嫌を損ねないうちにベレンでの最後のインタビューをはじめることにしよう。ここまで町田さん本人の話しか聞けていなかったので、堤さんの存在は貴重だ。元ジャーナリストで45年来の仲となれば、話を聞くのにこれ以上の人物はいまい。

のっけから、「息子のリョートが成功していなかったら、今ごろここに物乞いに来ているだろうね」と厳しい指摘ではじまり、昔の家は汚すぎて、埃で息子たちが喘息になりかけていたこともあると話した。やはりそうか。

何歳ぐらいのときがいちばんキツかったですか、と町田さんに尋ねたときは、「うーん、子どもたちを育てなきゃならなくなった、30代ぐらいかなあ」と、あまり大変だったふうでもなく淡々と話していたが、やはりキツかったのだ。堤さんに話を聞きにきて良かった。町田さんには語り部が必要だ。

新しい商売をはじめたと、エスカルゴだと称して食べさせられたものが実はエスカルゴではなかった話も面白かった。「あれは純粋のフランス産ではなく、アフリカの種だったと後で発覚したんだよ」と。それを食べてから数年間は胃の具合が悪かったのだとか。

「ほんとえらい目に遭った」と懐かしそうにこぼす。

「端から見ていると、大変そうに見えても、本人は全然そんな感じがしない。それが羨ましくもある」

と堤さんは言葉を継いだ。

私が「そうなんですよ。町田さんは日本人っぽくないですよね」と話を振ると、そうそうと頷いて、「ブラジル人にもあんまりいないよ、とくに現代では。でも、今の世にはもう町田嘉三タイプは必要ない。むしろ生きづらいだろうね。乱世に向くタイプ。だから今なら中東なんかに行ったら重宝されるんじゃない？　すぐに頭角をあらわすだろうね」と笑いながら話した。

堤さんの研究テーマは日系移民史だ。その一環で前田光世を調べだしたという。

曰く、前田光世という男はとにかく24時間、侍だったそうで、その一例として次のような話を聞かせてくれた。

前田光世は角を曲がるときには常にスペースをとり、わざと遠く大きく回った。おそらく敵といきなり遭遇した際の対処のために、空間と時間が必要だからだろう。いかなるときもそういうことを考えて行動していた。

また赤道上にあるこのベレンの地において、つねに正装で通したのだとか。ハットにネクタイの背広姿が基本。身だしなみにも気をつかうのが侍。服装の乱れは気のゆるみの表れということか。もっともその時代は、前田光世に限らずベレンの上流階級は、平素からきちんとした身なりをしていたようだが。

前田光世に関するあらゆる資料、文献を読破した、前田光世研究の第一人者と言っても過言ではない堤さんがいみじくも言った。「前田光世と町田嘉三は似ている」時代を超えて蘇ったのだという。「町田嘉三が墓守をすることになったのは単なる偶然ではない、前田光世に選ばれたのだ」と堤さんは言った。もしくは武の神様に。すごい。ここでつながった。やはり思ったとおりだった。

前田光世研究家にして、町田嘉三の45年来の友人が言うのだから間違いない。

グレイシー一族を向こうに回すファミリー

前田光世と町田嘉三。ふたりの武道家は生前会ったこともなければ、町田さんは私のような柔術家ほどコンデ・コマに対する熱い思い入れもない。でも、ベレンという地で、たしかにふたりはつながっている。

講道館柔道は他流試合を禁止していたため、前田光世は海外ではあえて自らを「柔術家」と名乗ったとする説が一般的だが、願望もこめて、私はもうひとつの説も推したい。

1899年に新渡戸稲造が英語で著し、日本語を含む7カ国語に訳された『武士道』のなかに柔術についての記述がある。当時はまだ新興勢力にすぎなかった柔道より、柔術ははるかに世界的に認知されていたのだ。だから「柔術家」と言ったほうが通りがいいし、客も集まる。彼自身の判断か、興行主の発案だったかは分からない。どちらにせよ、生き抜くための逞しさがそこにはある。

そうやって前田光世は世界中で闘った。しかし、それはけっして柔術（柔道）の試合だけではなかった。その大半がレスラーやボクサーを相手にした異種格闘技戦だった。

まさにルールに縛られない「バーリトゥード」の原型だったともいえる。

一方で、町田さんの息子リョートは、ブラジルが生んだ「バーリトゥード」という概念の最先端ともいえる、世界最高峰の舞台UFCで世界チャンピオンになった。

すべては前田光世がベレンの地で、自身の技術をカーロス・グレイシーに教えたことからはじまった。

その種は、芽を出し、葉を繁らせる大きな樹となり、いまや地球規模ともいえるUFCを頂点とするMMAという新たなる闘いの舞台を生み出した。

前田光世を師とあおぐグレイシーファミリーほど直接的ではないにせよ、その系譜にはやはりリョート・マチダも関わっている。10代の頃に見た初期のＵＦＣを含んだバーリトゥードの試合がきっかけで、「あの舞台で闘いたい、チャンピオンになりたい」と思い、今の彼があるのだから。

そして、その闘いの歴史と系譜に導かれて、私もまたこの地ベレンにやってきた。

グレイシーファミリーが、１９９３年にアメリカ・コロラド州デンバーで開催された第1回ＵＦＣで華々しく世に出たとき、驚くとともに少し寂しい思いをした記憶がある。

柔術家前田光世が携えていた侍の魂は、日本人にではなく、ブラジル人に引き継がれたのかと。

あの当時ヒクソン・グレイシーは、どの日本人格闘家よりも侍に見えた。

しかし、同じ熱い志をもってブラジルに渡り、拳ひとつでブラジルでのしていった日本人が他にもいた。

その男は「侍になれ」と言って息子たちを武道家に育てた。

グレイシーとは異なるもうひとつのファミリーの物語が、ここにもあったのだ。

私は柔術家としてベレンを訪れたが、空手家の町田嘉三に会い魅了された。

もはや空手か柔術かというのは大きな問題ではなかった。

武道家としての彼に魅せられ、またその逞しさにひとりの人間として惹きつけられた。

こんな日本人がいたのかと嬉しくなった。

やはり、前田光世は町田嘉三を選んだのだと、私は思う。

V

バーリトゥードを巡る旅の果てに

ブラジル2016

Brazil 2016

15年ぶりにすべきこととは

最終章では、本編では書けなかったエピソードや私自身の葛藤にも触れつつ、本書のタイトルに冠した〝バーリトゥード〟とはそもそもいったい何なのか、という命題について私なりにたどり着いた結論を書いてみたい。

2002年に『ブラジリアン バーリトゥード』を上梓したときの私は、ブラジルの格闘技そのものに興味があった。どんな技があって、格闘家たちはいかに練習をして、どんなものを食べ、何を考えているのか。そもそもどんな国なのか。

とにかくブラジルの情報は少なく、それを知るには現地に飛ぶしかなかった。当時は私も柔術では白帯にすぎず、知らない技、できないことだらけだった。だからブラジルで見るもの、経験すること、すべてが新鮮だった。

しかし状況は一変した。いまや日本にいてもさまざまな情報が手に入る。わざわざ現地に行く必要はないのかもしれない。さらに15年を経た現在、私はブラジリアン柔術の黒帯を巻いている。だから、格闘技（柔術）に対する幻想、過剰なる憧れは良くも悪くも、当時に比べればなくなっている。

幸いにして、あの頃は雑誌「ナンバー」や「ゴング格闘技」などで、もっともPRIDEが熱かった時代のアントニオ・ホドリゴ・ノゲイラやヴァンダレイ・シウバなどを撮影することができた。グレイシー柔術の創始者のひとりエリオ・グレイシーの自宅を訪ね、彼も撮った。NHKのドキュメンタリー番組のナビゲーター役として撮影クルーとともにブラジルへ飛びいろいろな取材もした。

そうした多くの経験から、ある程度ブラジル格闘技は見てきた、という自負もあった。

そんな私が2016年の今ブラジルに渡って、何を見、何を書くべきか。

最初に思い至ったのは、ブラジルで開催されるUFCをこの目で見るということだった。

そして、アレッシャンドリ・フランカ・ノゲイラに会いにいく。

このふたつの目的を核に、2016年の5月、ブラジルの大地をふたたび踏むこととなった。

UFC198はクリチバで開催される。ならばシュートボクセも取材しよう。

そしてクリチバからリオに移動する際に、サンパウロにも立ち寄ろうと考えた。かつてずいぶん訪れた街で、思い入れも深い。こうして5月の渡伯先は、クリチバ、サンパウロ、リオと決まった。

身体化された言葉が欲しい

5月に訪れたサンパウロのシセロ・コスタアカデミー、ここは軽量級を中心としたブラジルでも指折りのアカデミーである。2014年、2015年のブラジル選手権で団体2位を獲得している。本場ブラジルの柔術の〝今〟を具現化しているアカデミーだから、さぞや刺激的な光景が繰り広げられているかと思っていたが、そこまでの驚きはなかった。たしかに若くて有望な選手はたくさんいたが、すごい道場にちがいないと勝手に期待のハードルを上げていたせいか、想定外のようなものはなかった。

初めて訪れたシュートボクセで見たアンデウソン・シウバの動き、トッキーニョの怪力にトンパチぶり、シュートボクセの練習の凄まじさ、ブラジリアン・トップチームの迫力、ルタリブレのヤバい雰囲気、ペケーニョのギロチンの威力……。そういったことに比べれば、私が所属している東京・池袋にあるトライフォース柔術アカデミーと、とりたてて異なるところはない。

15年前とはちがい、それだけ日本のレベルが上がったともいえる。最軽量級とはいえ、トライフォース所属の芝本幸司やカルペディエム所属の橋本知之など世界で闘える日本人柔術家も現れている。

たしかにUFCはすごかった。写真家としてオクタゴンサイドで撮影できたことに関してはとても興奮したし、やりがいもあった。ペケーニョとの再会にも感激した。地球の裏側に真の友人がいることを本当に嬉しく思った。

ポイント、ポイントでは書くべきことはあるのだが、ただブラジルの空気というか全体の手ざわりが身体化できていない、しっかりと見られていないという思いが残った。

行くべきところへ行き、会うべき人に会い、取材としては当初決めていたことをほぼやり遂げたわけだから、そういった意味では100点のはずだったのだが、しかし、筆が進まなかった。月日が経過したからということではない。そうではない何かが影響していると感じていた。

疲弊した自分を見つめて

実は5月にブラジルへ行く直前、体調は最悪だった。

少しでも取材費の足しになればと思い、4月の1カ月間マイナス20度の冷凍庫に入って働いていたせいだ。

写真以外の仕事でおカネをもらう、つまりバイトをするのは17〜18年ぶり。年下の若い子らに使われて働く。それはいい。想像していたほど嫌ではなかった。成したいことがあるのだ。そう思えばたいしたことではない。むしろ問題は体調のほうだった。

仕事内容はコンビニに卸す冷凍食品の仕分け作業。長年格闘技をやってきた影響で右肘の骨が変形してしまっている私は、作業のほとんどを極力左手で行なっていた。

それがたたってか、疲労から左の背中、肩甲骨の辺りが凝り固まってしまい、動かすと背中から首にかけてひどい痛みが伴う、肩こりの悪化した状態のような感じになってしまった。

痛くて長時間座っていられない。痛み止めのロキソニンが手放せない。

ある日、いつもどおり都心に出るためにその状態で長時間電車に乗っていたときのこと。

脂汗が出てきて、ついには自分をとりまく空間がぐらぐらと揺れだした。

外の空気を吸いたい。といって朝の特急列車だから次の駅まで10分は停車しないし、満員電車のため容易に体勢を変えることもできない。なんとか我慢して次の駅で飛び出すように電車を降りた。

もしかして、こういうことの先にパニック症候群があるのかと、その一端を垣間見たような気がした。

それでもなんとかブラジルへ行き取材をしたが、長時間のフライトに、治っていないままでの現地での練習、ブラジリアン柔術の試合出場などいろいろと無理をしたせいか、首の神経がいかれてしまい、今度は左手に痺れの症状が出て、帰国してからも1カ月ほど、指で「3」を作れなかった。そんな状態が続き、精神的にも疲れていた。

体調だけが原因というわけではなく、またそれはここ数カ月のことに限った話でもなかった。

7月で46歳となった私は、ここ1～2年で徐々に疲弊してきていた。

自分自身を信じきれなくなってきている。信じる力が落ちてきているというか。

写真家として実質プロとなって15年以上、1年間で一段ずつ階段を上がることを自らに課してきた。

本を出版した。雑誌の表紙を撮った。大きな広告の撮影をした。NHKに出演した。ふたたび本を出した。世界遺産のお寺で個展を開いた。新聞にインタビューされた——。

あくまで主観ではあるが、今年も昨年に比べて明らかに何か新しいことをやれたなと思えれば合格。

それでよかった。そうやって15年間、確実に一段ずつ上がってきた。

それがいつからか、一段ずつのステップアップでは、自身が思い描く地点まで到達できないのではないかと思うようになってきた。それもここ1、2年のことだ。一段ずつではダメだ。それでは到底追いつけない。三段ずつぐらいでいかないと、と。

年齢が40代半ばになったことも大きい。このままではすぐ50歳、60歳になり死んでしまうではないか。

死ぬのが怖いのではない。時間がないことが怖いのだ。

写真家（表現者）として生きていくと決めた以上、何か印を刻む、証を残す。それぐらいのつもりでやってきた。しかし今現在まだ何も成していない。そのジレンマが襲ってきていた。

それでもなんとか原稿を書こうとしていた。

ここに、iPhoneのメモランダムに記した覚え書きがある。

7月の中旬から書き出した原稿が思うように進んでいなかった時期のものだ。

リオオリンピック真っ只中の8月12日、東京でこの原稿を書いている
オリンピック前半を見ていて印象に残った選手
大野将平、福原愛、内村航平

インスピレーションをもらいながらも落ち込んでもいる

地球の裏側ブラジルでは、熱戦が繰り広げられていた。

しかし、わずか3カ月前に同じ地を訪れて、その国のことを書いているはずの私に熱がない。

テレビの向こう側で展開されている試合、出場している選手、それを応援する人々、ひっくるめてのブラジル、それが眩しかった。

こんな状態でブラジルのことを満足のいくようには書けないだろう。書いちゃいけない。

もっとブラジルを体感しなければ。そこにある空気、大地、熱、人々……。

もはや私にとって「格闘技」というキーワードはそれほど重要ではなくなっていた。「格闘技」に縛られすぎていた。今の私は、以前ほどには格闘技がすべての人間ではない。結婚して親になり、写真家として自分の国も撮らねばと山に向かった長い年月を経ている。それが、2016年7月で46歳になった私のリアル。

ブラジルを感じるのだ。そのうえでの格闘技。バーリトゥード。

これが、私が同年二度目のブラジル行きを決めた理由だ。

まずはブラジルの大きさを知ろう。そして行ったことのない土地に行ってみよう。

それが8月のブラジル行きの際、心に留めたことだった。

アマゾンに現れた野生の妖精

そうして3カ月ぶりに訪れたブラジル、南米大陸はデカかった。

ホライマ山の登山口には、いまだトイレがなく排泄行為はすべて外、飲料水は近所の川の水で、という村があった。ベネズエラの通貨ボリバルはスーパーインフレで紙くず同然になっていた。石油の値段は、水よりも安かった。そんなところでも人の営みはあった。むしろ活気があったぐらいだ。なぜこんな不便な場所に住んでいるのかと思うところにさえ家はあった。アマゾンで見た夕日は無条件に美しく大きかった。

アマゾン川をフェリーで下っていたときのことだ。

ババババババババッと暗闇を切り裂いて、突然小さな原動機付きボートがフェリーの後ろから近づいてきた。見ると少女がふたり乗っている。こちらの船に乗り込もうとしているようだ。

ひとりがボートを操ってすれすれまで寄せると、先が鉤状になった長い棒をもうひとりがフェリーの船尾に引っ掛けて接舷した。

それだけでも驚いたのに、橋のように渡した棒の上をひょいひょいといとも簡単に伝ってきたのと、彼女たちが想像以上に幼い子どもだったことに軽い衝撃を受けた。おそらく5〜6歳と10歳に満たないぐらいだろう。

突如ジャングルから現れた裸足の少女たちを前にしてどこか現実味がなく、実際には存在しないスクリーンの中の住人であるかのように思えた。

どうやら自家製のアサイーを売りにきたようだ。フェリーのクルーたちと親しげに話している。毎回便宜を図ってあげているのだろう。一袋5レアル。ペースト状にしたアサイーをビニール袋に直接入れて口を封しただけのもの。アマゾンのジャングルで採れた混じりっけなしの天然物だ。

もちろん買ってみた。この量でこの値段は安い。

肌は褐色だが、純粋なインディオの容貌ではない。おそらく白人の血が混じっているのだろう。

ふたりとも可愛いく魅力的だったが、とりわけ小さい子が気になった。

どうやら彼女のほうが勝気で、商売を仕切っているように見える。

写真を撮らせてくれとポーズで示してみたが、嫌がって撮らせてくれない。文明社会を拒絶しているというよりは、私はそんなにお安くないわよという振る舞いに感じられた。猿のような野生児にして、もうすでにレディー。そのアンバランスな感じがとてもよかった。しばらく粘ってみたが結局写真は撮らせてもらえなかった。

この先ふたりはどんなふうに成長していくのだろう。

棒の上を猿のように渡るあの身体能力と野性味あふれる美貌を武器に、大都市サンパウロで男を魅了する女優に、はたまたエースナンバー10番をつけた女子サッカー選手に、私はそんな想像をふくらませた。

と、いつのまにか彼女たちはまたあちら側の世界に消えていた。

今度はいたって静かに、闇に同化するかのように。


格闘技にしても驚くことは多い。いろいろな場所で、思わぬ形で、さまざまなイベント、試合が行われていた。ブラジルはこう、とひと括りにはけっしてできない多様性が強く印象に残った。

ショッピングモールでの柔術大会

マナウスのショッピングモール「プラザショッピング」内のイベントスペースで行われたグラップリングの格闘技興行「グラディエーターファイト」は今回で3回目だという。

到着したときにはすでに興行がはじまっていた。

リングのような一段高い舞台を作り、その上で試合はなされていた。

会場に入ったときはある試合が終わった直後だったらしく、女の子ふたりが顔をつき合わせて睨み合っていて、ひとりは青帯を巻いていた。プロの興行で青帯から試合が組まれていることに驚いたのと同時に、それだけマナウスでは柔術（グラップリング）が根付いているのかと感じた。

観客の多くは友人や知人などの関係者なのだろうが、ガードマンや整理係、ＭＣもいるし、照明から音響までしっかりとしていてプロの興行と呼ぶに相応しい様相となっている。チケットは普通席が25レアル、ＶＩＰ席が50レアル。ブラジルでは映画料金が26レアルなので、それと同じぐらい、高くも安くもないといったところか。１０００人は言いすぎだが、観客は５００人以上いたと思う。

見ていると、次第に試合後の睨み合いの意味が分かってきた。どうやら勝者が舞台に残り、新たなひとりが呼び込まれる。呼び込まれた者はマイクアピールを行い、その後互いに睨み合う。状況から判断するに、おそらく次回大会の対戦カードを煽っているのだろう。この演出はその後も毎試合終わるたびに繰り返された。

好試合が多かったが、とくに気になる試合がふたつあった。

まずは、黒帯柔術家同士による闘い。ひとりはマスター3のおじさんで、柔道ベースの固い組手が力強い。マスター3とは41歳から45歳までの年齢によるカテゴリーを指す。私と同年代の男が、おそらく自分よりずいぶん若い黒帯相手に下がることなく、アグレッシブに前に出る熱い闘いを繰り広げていることに刺激を受けた。

次に気になったのは、片足が不自由な黒帯柔術家の闘いだった。片方の足が極端に短く、機能としては片足に近い。その彼が健常者である普通の黒帯と対戦するのだ。彼が引き込んで下からスイープを試み、相手はパスを狙うという展開。足が不自由な柔術家はこの興行の常連なのか、地元で有名なのか、大きな声援が飛ぶ。

相手もやりづらいのではとは思ったが、そんなことを微塵も感じさせずに、片足だろうがなんだろうがお互い動いて、がんがん攻め合っている。その様子は見ていて清々しかった。

結局、僅差のポイントで健常者の黒帯が勝った。

試合直後、負けた黒帯はものすごく悔しがってマットをたたき、しばらく呆然としていた。心の底から勝ちたかったのだろう。それでもひとしきり時間が経つとお互いの健闘を讃え合ってハグを交わし、その光景に大きな拍手が起こった。

この象徴的なふたつの試合から、柔術はムンジアル（世界選手権）だけじゃない、アマゾンに近いマナウスのショッピングモールの中にも、こんな魅力的な柔術があるんだと胸が熱くなった。おらが町の文化として根づいているのだ。

おじさんが輝ける場、身障者と健常者が本気で対等にぶつかり合える舞台、それがブラジリアン柔術のもうひとつの貌《かお》だ。他の格闘技では無理である。寝技主体の格闘技だから成せることで、柔術にはまだまだ可能性があると感じた。

今日を生きている人々

なにもこんな特別な話だけではない。市井の人々からもおおいに勇気をもらった。

路上駐車しようとしている車を頼まれてもいないのに誘導して報酬を得る者。これまた頼まれてもいないのに止められた車をずっと監視して「車上荒らしから守ってました」と言って報酬を得る者。見張っていたのは事実で、嘘ではない。

誰もが糧を得ることに真剣なのだ。それぞれに縄張りもある。

空港で食事している人たちに自ら声をかけて靴磨きをする若者。窓ごしに信号待ちをする車の前でジャグリングを披露し報酬を得ようとする子どもたち。またそのタイミングでフルーツを手売りする者。電車の中でひと際大きな声を発してスナックやジュース、新聞を手売りする姿も日常的だった。

もちろん中にはやる気のない人たちもいる。スーパーでレジ打ちをしている女性だとか。

安易に犯罪に走る奴もいる。だが大半はそうではない。みな懸命に生きている。

基本的にブラジル人は明るく逞しい。

信号待ちしている車に自ら歩み寄り、1レアルで車の窓拭きをする女性は、2レアルもらって大喜びだ。1レアルは日本円で30円ほど。この手の仕事は基本ドライバーの意思とは関係なく勝手に行うものなので、報酬をもらえない場合も多い。それでも、20台の車から金を受けとれれば、20レアルとなりチキンが買える。これで今日一日子どもたちを食べさせられる。その日々の連なりが明日へとつながっている。

今日を生きている人々。その逞しくも慎ましやかな営みに励まされた。

マナウスのヒベイロ柔術に出稽古に行ったときに出会った、茶帯のアレックス・ジウも印象深い。

ジウはデザイナーにしてミュージシャン。プライベートで柔術も教えている。三つの顔があり、それぞれから収入を得ている。年齢は30代前半で、奥さんと子どもがふたりいる。ラスベガスで開催された2016年のワールドマスターズにも出場したという。ヒベイロ柔術でスパーリングしたなかではいちばん強かった（どうやらその後黒帯に昇格したらしい）。

「ブラジルでは仕事をふたつ、三つともつのは当たり前なんだよ」

彼が発したこの言葉がとても印象深く心に深く残っている（いったい何に縛られているのか、我々は）。

警察や憲兵の腐敗と治安

もちろん、日本よりブラジルのほうがいい国だなどと安易に言う気はない。隣の芝生は青く見えるものだ。実際、とても危険な国であることは間違いない。

これはベレンで聞いた話だ。

２０１４年11月４日の夜、警察では扱えない犯罪を処理する憲兵隊（軍警察）の「ＲＯＴＡＭ」という部隊に所属していた43歳の伍長が、帰宅途中グアマ地区で何者かに襲われ、多数の銃弾を浴びて死亡した。

その数時間後の４日から５日の未明にかけ、ベレンの五つの地区で16歳から27歳の10名（すべて男性）が、これまた何者かに殺されるという事件が起きた。おそらく殺害された憲兵隊の同僚が実行部隊だといわれているが、公式には何の情報も発表されていない。

この事件がブラジルらしいのは、43歳の伍長が殺されてから間もなく、ＲＯＴＡＭのＳＮＳアカウントから、「我々は血の涙を流している」「狩りははじまった」などのメッセージが出されたことだ。他にも伍長の同僚が個人ツイッターで、「相応の返事をするためにみんな集まってくれ」といったメッセージを発信していたそうである。

要はＳＮＳで報復宣言をしているのだ、公の機関である軍警察が。

それを受けて、５日はスーパーや学校がすべて休みとなり、ベレンの中心部は閑散としていたという。街のいたるところで発砲騒動があるから、とても日常生活は送れない。うろうろしていたら巻き添えを食う恐れもある。その日、街から人影が消えた。

どうやら殺された伍長は何らかの犯罪に関わっていた模様で、その関係で別のライバル組織に殺されたらしい。ブラジルでは、腐敗した警察や憲兵が、ドラッグや武器などの転売をしたり、みかじめ料などを徴収するのはよくあることなのである。

ひどいのは、伍長を殺したとみられる犯人がのちに別途捕まっていることから、憲兵によって報復として殺された先の10名はおそらく無実だったということだ。公的機関である憲兵隊が、怒りにまかせて怪しい者たちを次々と殺していったのだ。いわば無差別殺人である。最終的には、14名の憲兵が報復行為に関わっていたとされるが、今のところ何のお咎めもない。おそらくこの先もないだろう。

初めてブラジルを訪れた際、「警察には気をつけろ。信用するな」とペケーニョが忠告してくれた所以《ゆえん》がここにある。

2014年のブラジルワールドカップ、2016年のリオ・デ・ジャネイロオリンピックと、二度にわたる世界的ビッグイベントの開催を経て、ブラジルが変わった面もある。たしかにリオの観光地の治安はよくなっていた。しかし、セントロなど一般の人々が暮らす地域は変わっていなかった。ベレンやマナウスもそうだ。

基本、ブラジルは変わっていない。

この事件の背景は根深く、だからこそブラジルをとりまくさまざまな状況を多面的に浮かび上がらせている。

タクシーに乗れば安全なわけ

そういえば町田嘉三さんも言っていた。

サルバドール時代、道場主催のパーティーに参加したある生徒の知人が、ちょっとした盗みをはたらいた。たしかに犯罪にはちがいないが、ブラジルでは万引きや窃盗など日常茶飯である。かけてあるタオルから、使用済みのパンツまで何でももっていかれる。けっして褒められたものではないが、そんな国での小さな盗みだ。日本でいったら置かれたビニール傘を拝借していく程度のものだろう。

それを生徒たちが捕まえて懲らしめた。最初は空手の技の練習だと言って、殴る、蹴るの仕打ち。そのうち面倒くさくなったのか、「先生、こいつ埋めちゃいましょうよ」と不意に言い出した。刑務所は犯罪者でいっぱいだし、こんな奴ひとりいなくなったって誰も困りませんよという話である。いやいや、そこまでやる必要はないと町田さんが止めたとか。腕っ節が強く、尊敬されている空手の先生、町田嘉三がそう言ったからこの場は収まっただけで、そのまま実行されてしまうケースが多いことは容易に想像がつく。

町田さんは言う。「あいつら人の命、アブラムシと一緒ぐらいにしか思ってないからな」

さらっと「埋めちゃいましょう」と言ったのは軍人だった。当時、町田さんは軍でも空手を教えていた。1964年から1985年まで、ブラジルは長らく軍事独裁政権下にあった。治安は良かったそうである。なにせ軍人がいとも簡単に、先ほどのようなノリで犯罪者を殺してゆくのだから。このような地で、町田さんも、そして前田光世も生き抜いてきた。

町田さんの三男リョートが最終的にアメリカ行きを決めたのは、彼の友人一家が信号で止まっていた際、隣に並んだ車に乗っていた強盗に襲われ、拳銃で惨殺されるという事件が起こったからだ。小さい子どもを含む4人全員が犠牲となった。それ以来リョートの奥さんが怖がり、この街での子育ては無理だと主張して移住を決めた。

町田嘉三とその息子たち、町田一家はいわばベレンの名士だ。とりわけUFC世界ライトヘビー級チャンピオンにまで上りつめたリョートは有名人である。しかし、ブラジルではへたに有名になると危ない。おカネをもっていると判断されて狙われるのだ。ビクトー・ベウフォートのお姉さんも誘拐に遭い殺害されている。

町田さんは夜9時以降、自分の車で外出はしない。必ずタクシーで出かける。

タクシーはある種シンジケートのようなもので、運転手同士の横の結束が非常に強く、おまけに無線で連絡を取り合っているから、誰かが襲われたりしたらすぐに分かる。怪しい奴を見かけたとか、変な奴を乗せたとか、常に情報を共有し合っているのだ。

もし仲間が強盗に襲われたりしたら絶対に許さない。先述した軍警察の話ではないが、地の果てまでも追っていって必ず報復する。皆それを知っているから、タクシーを襲う馬鹿はいないのだそうだ。

だからタクシーに乗れば、まず安全なのである。

バーリトゥードとはブラジルそのもの

犯罪面だけを見れば、たしかに恐ろしい国だ。

しかし、疲弊していた私が、この国から有形無形の力を受けとったのは事実なのである。

宇宙がそこにあると感じさせてくれたホライマ山頂で見た星空に。

その途方もない偉大なるアマゾンの大きさに。

超インフレで貨幣の価値を失ったブラジル―ベネズエラ国境の街サンタエレナの活気に。

フェリーの停泊地として、予期せぬ訪問となったアマゾン川沿岸の街サンタレンの朝の平和な光景に。

音楽が流れると、人目を憚らず一斉に踊りだしたパラリンピック閉会式の会場にいたすべての人々に。

そして街で暮らす普通の人たちに――。


ブラジル人は、生きるために生きている。

今日一日を生き残るために、今日をめいっぱい生きている。

そのダイナミズムが根底にある。

それこそがブラジルの魅力だ。

リングやマットに立っているとき、明日のことは考えていない。

ただ己の目の前に立つ者に勝つこと。それだけだ。

私が格闘技を通じてブラジルを見てみたい、描き出してみたいと思ったのは、その刹那を生き切る、サバイブするあり方が、ブラジル社会全体に通じるところがあると直感していたからかもしれない。

勝たなければ、今日を生きなければ、次はない。明日はない。

バーリトゥードがブラジルに生まれたのは、きっとそのためだ。

誰かが仕組んだわけでも、狙ったわけでもない。

ブラジル社会そのものが自ら産み落とした格闘文化。自然発生的に生まれたありよう。

それがバーリトゥード。〝何でもあり〟なのだ。

限りなく刹那的でありながら、同時にすべての価値観、多様性を丸ごと引き受ける。

混沌の大地、躍動する生命を象徴する宇宙的な概念。

ブラジルはバーリトゥードとともにある。いや、ブラジルとバーリトゥードは同義語だ。

ブラジルそのものがバーリトゥードなのである。

この言葉を獲得するために15年の歳月が必要だったのだと、ようやく気づいた。


私はブラジルに水が合っていたのだろう。

20代半ばから後半にかけて、日本、アメリカと続いた写真家としての自分探しの旅は、ブラジルで終着を迎え、その地で花開いた。写真家「井賀孝」はブラジルで誕生した。

人生を折り返し、柄にもなく滅入っていた私は、ふたたび訪れたブラジルによって救われた。


もう一度、走りだすよ。頂点を目指して。

そしてまたいつか、ブラジルに戻ってくる。

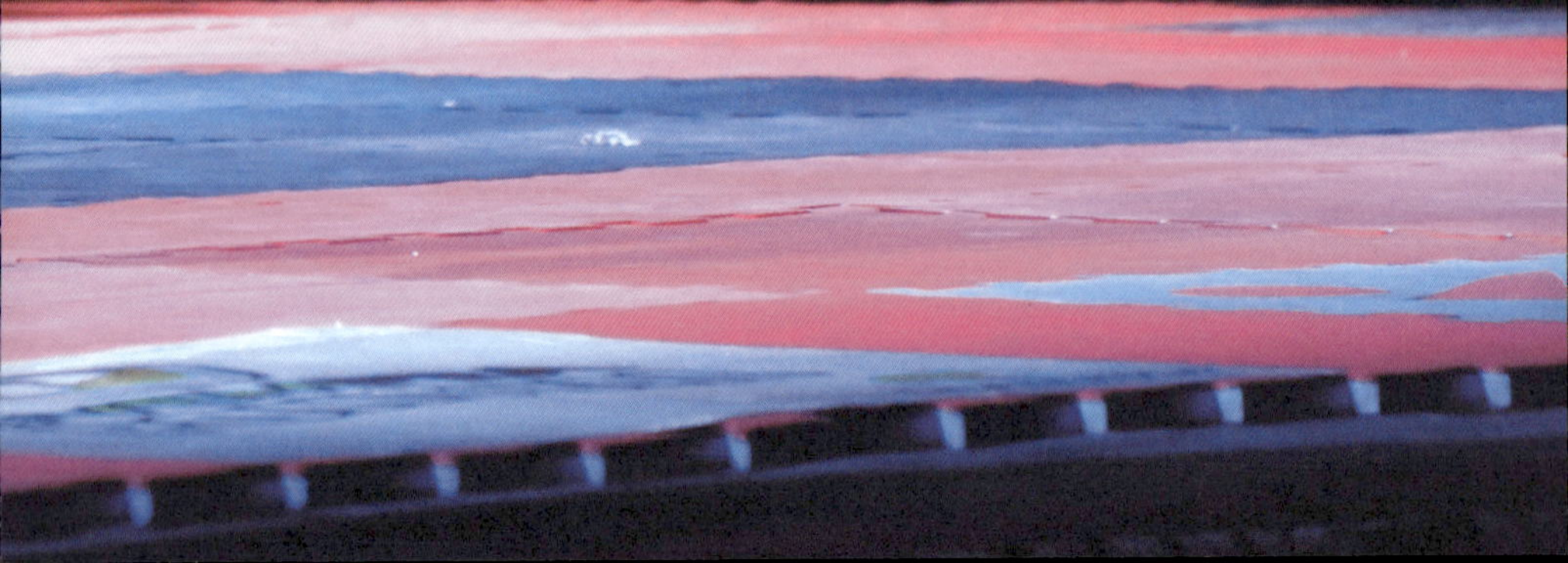

RIO DE JANEIRO
BRASIL

BANCA 1000
3327.0006
BANCA 1000

BRASIL
1931

13613

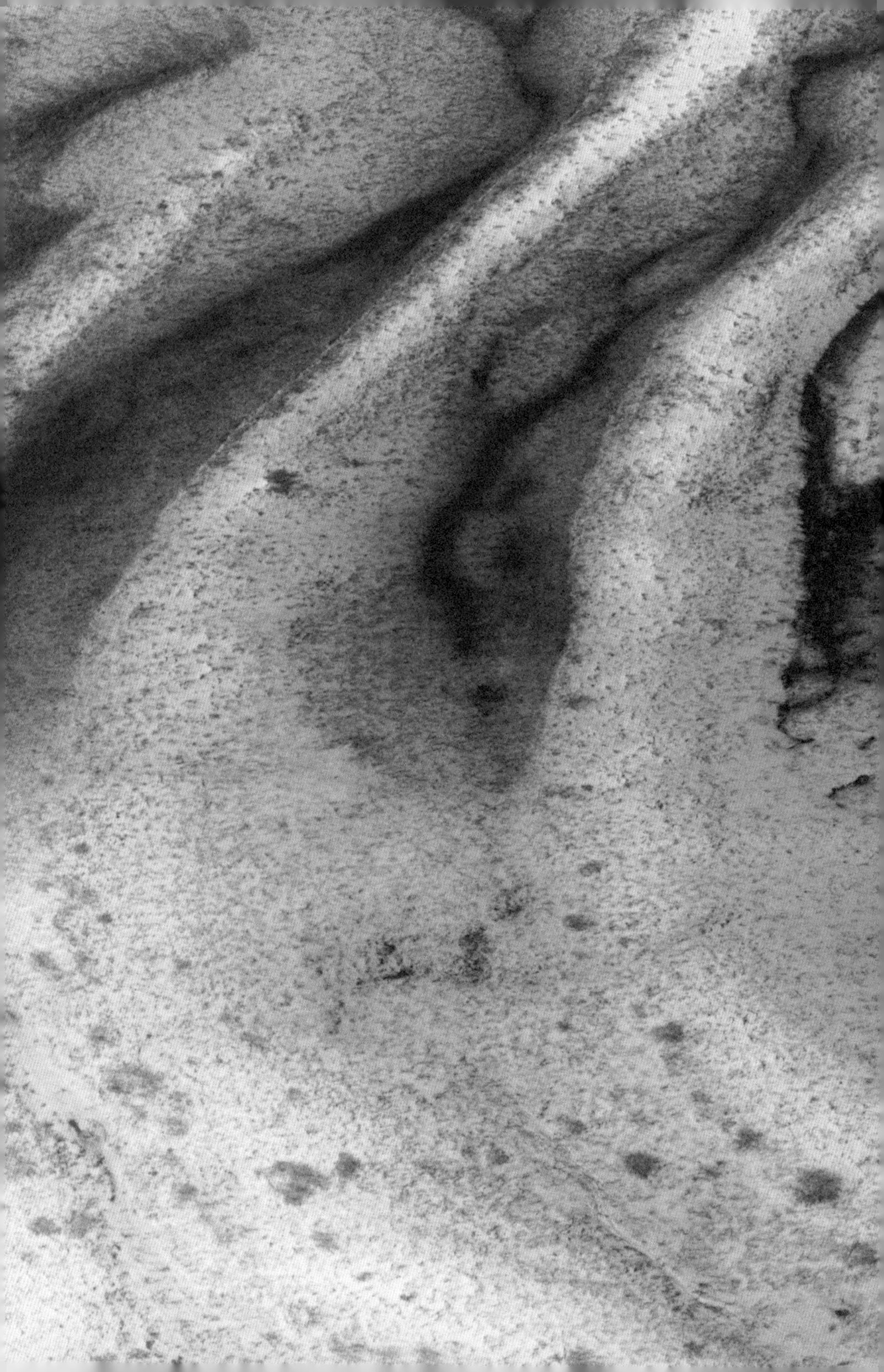

BV-0

エピローグ

21世紀が明けたばかりの2001年3月に初めてブラジルの大地を踏んでから16年。計12回、地球の反対側へと足を運んできたが、気がつけば、ブラジル発祥の〝何でもありの闘い〟バーリトゥードは、その間に「MMA」と呼ばれるようになっていた。時は流れ、時代は変わる。

私自身のブラジルでの撮影スタイルも、2016年にフィルムからデジタルへと変わった。

1993年、第1回UFCでブラジルの柔術が世界の格闘家と観客たちの目を開かせ、今日の洗練されたMMAの礎となった。世界基準で闘う舞台に現れる「まだ見ぬ強豪たち」に、私自身おおいに興奮したものだ。ブラジル人はなぜこんなに強いのだろう、という問いを成り立たせていたもの、それは知られざる世界がそこにあったからだ。私はそれをこの目で見たかった。そして、〝ペケーニョ〟ノゲイラを筆頭に、数多くの格闘家、バーリトゥーダーと直に組み合い、そのすごさを知った。

一度渡航すると1、2カ月は滞在するのが常だったから、それまでは毎回、日本でフィルムを大量に購入してもっていった。青と緑の再現性が美しい富士フイルムのPRO400というネガフィルムで、ブラジルを撮るのにはこれが合う。しかし、被写体の熱につられるように日々シャッターを切っていると、フィルムはたいてい想定より早く底をついてしまう。露店の軒先に吊るされ、熱い日差しに晒され続けた使用期限切れのフィルムを購入したことも一度や二度ではない。帰国して現像するまで毎回ヒヤヒヤしたのも、今となってはよい思い出だ。本書では、そうしたフィルムで撮影した写真も多く収録している。ブラジルで手に入るフィルムはたいがいがコダック製で、色味がフジ製品とはずいぶんと異なる。しかし、それも含めて旅の醍醐味、これもブラジルの色なのだと、今回無理に色を擦り合わせずに掲載することにした。現地で使用したカメラ機材はペンタックス67Ⅱ、マミヤ6、マミヤ7、コンタックスRXⅡだ（デジタルカメラはキャノンEOS 5D MARKⅢ）。

2000年代当時、ブラジルに観光ビザで入国する場合、カメラは2台までとされていた。それ以上は没収である。壊れてもいいように4、5台持参していたため、入国審査は毎回緊張の瞬間だった。

一度見つかってひと悶着となり、別室に連れていかれたことがある。高い旅費と時間をかけて地球の裏側まで写真を撮りにきているのだ。こんなところで足止めを食らってたまるか、仕事道具を没収されるなどありえない。担当官が他の係官を呼びに部屋を出た隙に、荷物をまとめて飛び出した。その後、素知らぬ顔でしれっとブラジルに入国。しばらくは何かお咎めがあるかもと気を揉んだが、結局何もなかった。逃げられたことがバレると、自らの身が危ないと係員が判断したのかもしれない。

そんなところも含めてのブラジル。そうやって撮り続けた写真と文章が、一冊の本になった。

当初、本書は2002年に世に出た私の処女作『ブラジリアン バーリトゥード』の復刻版として、ほとんど手を入れずに出版される予定だった。それが話し合いを重ねていくうちに、新作の写真も入れたい、ならばもう一度ブラジルに行きたい、せっかく編み直すなら、いっそ前著とはまったく異なる顔と中身の本にしたい、という思いがどんどん湧き上がってきた。

2016年はリオ・デ・ジャネイロオリンピックが開催されるため、日本でもブラジル熱がくるだろうという算段もあり通った企画だった。しかし、最終章で触れたとおり、なかなか書けない日々が続いた。せっかく新たな本を世に送り出すなら、すごいものに！というプレッシャーもあった。

出版不況が深まる今日では、写真集のようなビジュアル本、しかもノンフィクション系の書籍は希少な存在だ。自費出版はさておき、商業ベースでの出版に漕ぎつけるのは、いろんな意味でハードルが多い。そういう状況に、写真家として楔を打ちたいという想いもあった。ひとつのことを真摯にやり続けていれば、世に問える機会は必ずあるのだと、それを証明したかった。

ブラジル本といえば、篠山紀信の『オレレ・オララ』と開高健の『オーパ！』がある。前者はリオのカーニバルを撮影したもので、後者はアマゾンでの釣り紀行。表現を生業としている身として、ましてブラジル本を著す者としては、偉大な先人たちが産み落としたこの2冊を無視することはできない。そして、リスペクトしつつも追い抜く気概が必要だろう。そうでなければ出す意味がない。

そんなことを思っていたら、本書の装幀をしてくれた三村漢さんが、『オーパ！』をデザインした三村淳さんの息子であることが何回目かの打ち合わせの際判明した。導かれているとしか思えなかった。素早い対応、写真を見る確かな目で素晴らしい本にしてくれた三村さんには心から感謝している。

上がらない原稿を辛抱強く待ち、ときに冷静なサジェスチョンで支えてくれた編集部の藤井宣宏さん、企画段階から踏み込んで関わり、今後は販売面でますますお世話になる営業部の池辺公昭さん、『ブラジリアン バーリトゥード』の担当編集で、その後何冊も一緒に本を作ってきた、いわば戦友ともいうべき高尾豪さんにもいろいろとアドバイスをいただいた。彼らにもお礼を申し上げたい。

その他にもさまざまな方からお力添えをいただいた。市山拓さん、伊藤健一さん、岩井洋一さん、大谷到さん、川﨑浩市さん、高島学さん、橋本欽也さん、松山郷さん、マルセロ・アロンソ、マーティン・デニス、宮西広太郎さん（五十音順）。みなさんのご協力がなければ、この本はけっして完成しませんでした。ここで改めてお礼を申し上げます。ありがとうございました。

ようやくエピローグを書く段となり、いつもならば解放感や達成感で嬉しいはずなのだが、今回はそれだけではなく、「これで終わるのか」と意外に寂しい感もある。著作5冊目にして初めての感覚で、自分でも少し驚いている。私が充実した30代を送った舞台ブラジルも、この本でひと区切り、ひとまずお別れとなることが、おそらくその原因だろう。

人の気持ちは変わっていく。そのうつろいに敏感でありたい。

今後も人と交わり生きていく。それが私の思う写真家像だから。

最後に、この本を手に取ってくださったすべての方に、衷心より感謝いたします。

２０１７年6月末日　東京の山国にて　井賀 孝

トリニダード・ドバゴ
ベネズエラ
ガイアナ
フランス領ギアナ
ホライマ山
コロンビア
スリナム
ボア・ビスタ
エクアドル
マナウス
アマゾン川
ベレン
サンタレン
フォルタレーザ
パライバ州
レシフェ
マセイオ
BRAZIL
ブラジル
ペルー
バイーア州
サルバドール
ブラジリア
ボリビア
ミナスジェライス州
サンパウロ
パラグアイ
チリ
サントス
リオ・デ・ジャネイロ
太平洋
クリチバ
リオグランデ・ド・スル州
アルゼンチン
ウルグアイ
大西洋
リオ・デ・ジャネイロ
リオ・ニテロイ橋
セントロ
ニテロイ
マラカナン・スタジアム
フラメンゴ
ワールドファイトセンター
コルコバードの丘
ボタフォゴ
ポン・ジ・アスーカル
ブラジリアン・トップチーム
ウマイタ
コパカバーナ
レブロン
イパネマ

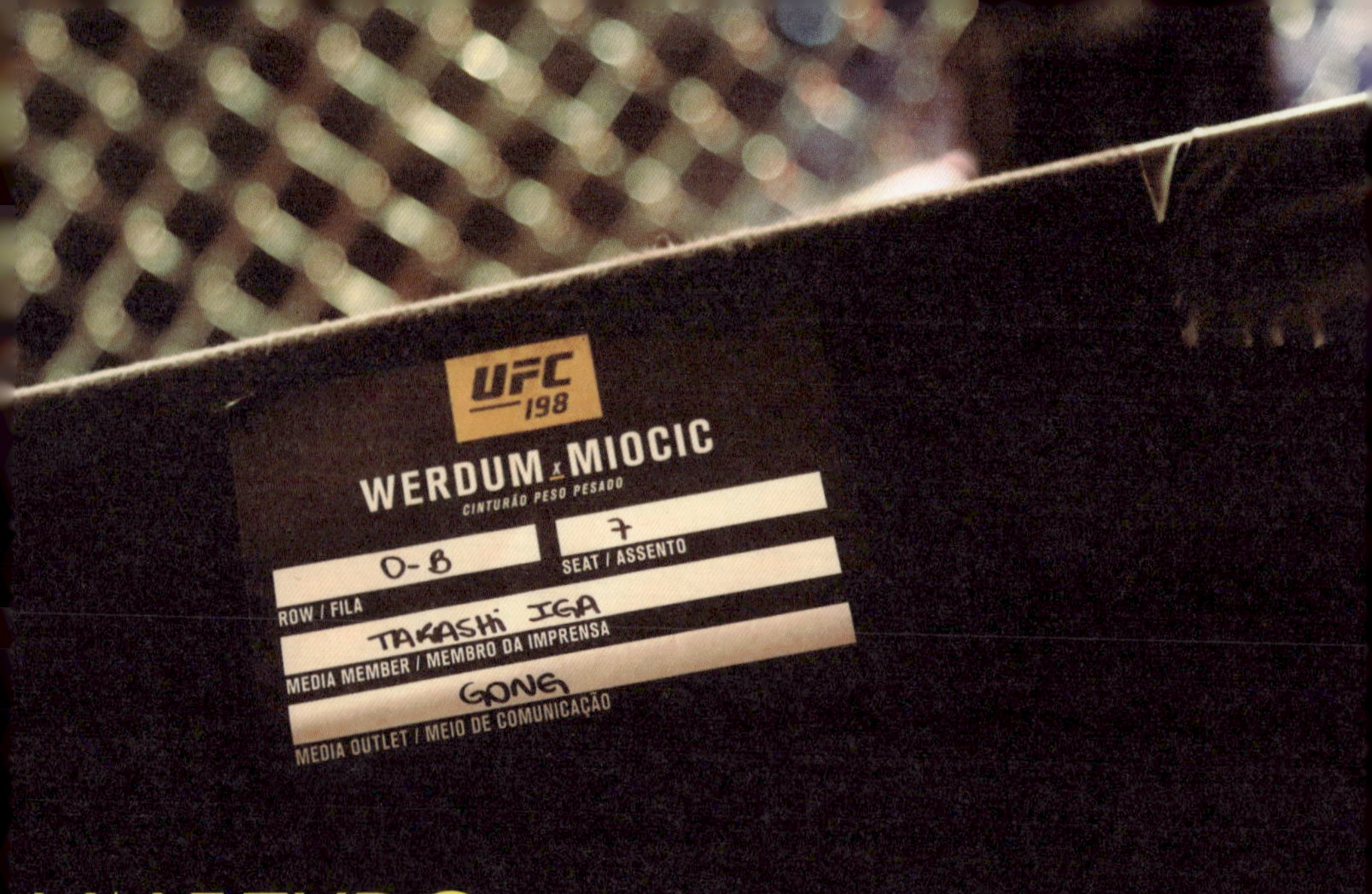

VALE TUDO
バーリトゥード
格闘大国ブラジル写真紀行

2017年8月9日　初版第一刷　発行

著　者　井賀 孝
発行人　後藤明信
発行所　株式会社竹書房
〒102-0072 東京都千代田区飯田橋 2-7-3
03-3264-1576（代表）　03-3234-6301（編集）
http://www.takeshobo.co.jp
ブックデザイン　三村 漢（niwanoniwa）
印刷所　中央精版印刷株式会社

ISBN978-4-8019-1152-9

本書は、『ブラジリアン バーリトゥード』（情報センター出版局）を再構成したうえで、新規取材をもとに大幅な加筆を施し、多数の未公開写真を新たに収録したものです。

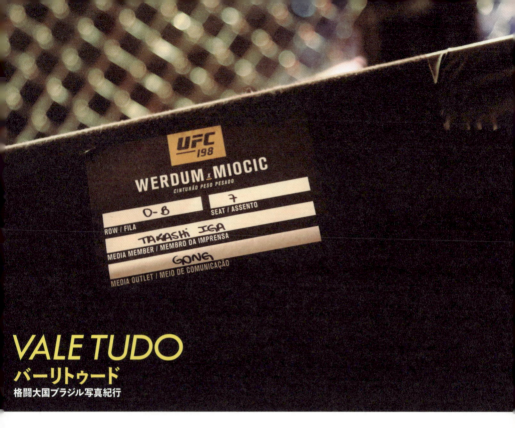